当代高校外语教学与复合型外语人才培养研究

权玉华 ◎ 著

吉林出版集团股份有限公司
全国百佳图书出版单位

图书在版编目（CIP）数据

当代高校外语教学与复合型外语人才培养研究 / 权玉华著 . -- 长春 : 吉林出版集团股份有限公司 , 2022.9
ISBN 978-7-5731-2525-5

Ⅰ . ①当… Ⅱ . ①权… Ⅲ . ①外语教学—人才培养—研究—高等学校 Ⅳ . ① H09

中国版本图书馆 CIP 数据核字 (2022) 第 181932 号

当代高校外语教学与复合型外语人才培养研究
DANGDAI GAOXIAO WAIYU JIAOXUE YU FUHEXING WAIYU RENCAI PEIYANG YANJIU

著　　者	权玉华
责任编辑	宋巧玲
封面设计	李　伟
开　　本	710mm×1000mm　　1/16
字　　数	215 千
印　　张	12
版　　次	2023 年 3 月第 1 版
印　　次	2023 年 3 月第 1 次印刷
印　　刷	天津和萱印刷有限公司

出　　版	吉林出版集团股份有限公司
发　　行	吉林出版集团股份有限公司
地　　址	吉林省长春市福祉大路 5788 号
邮　　编	130000
电　　话	0431-81629968
邮　　箱	11915286@qq.com
书　　号	ISBN 978-7-5731-2525-5
定　　价	72.00 元

版权所有　翻印必究

作者简介

权玉华，女，通化师范学院外国语学院，讲师，硕士生学历。研究方向为日语教育。主讲过基础日语、高级日语、日语笔译、日语阅读等多门课程，多次获得校教学优秀奖，曾主持省级、校级教科研项目多项，在省级以上学术期刊发表论文近二十篇。

前　言

随着全球化趋势的逐步加强，不同国家、不同种族的人们开始越来越频繁地交流，世界文化的相互融合已经成为不可扭转的必然趋势。在这种世界大趋势下，出于对文化吸收融合的目的，世界上必须要存在一种或几种共同的语言才能更好地理解外来文化。

外语是语言交流的必备工具，在全球化不断加速的今天，外语对于世界交流的重要性不言自明。外语阅读与翻译能力、写作与教学方式都随着计算机多媒体技术与网络的普及发生了历史性变革。这场变革产生了一种区别于印刷时代的信息化教育模式，也有许多全新的教学形式被不断创造出来，将教育带向了网络文化融合时代。

如今，外语人才在社会上受到重视的同时也被要求不断提升自身专业能力。因此，高校外语教学为迎合社会，使外语专业毕业生具备行业竞争力，已经开始使用网络信息技术加强对外语人才专业素质与综合素质的培养。培养一批高素质的复合型外语人才已经刻不容缓。高校外语教学改革应融合信息技术、更新教学手段与教学观念、转变教学态度、转化教学模式等，进而提高教育质量与水平。与此同时，高校外语教学也要注重对学生对外传播能力、跨文化交际能力与创新能力等方面的培养。

本书立足于当代高校外语教学与复合型外语人才培养进行研究。全书共分为六章。第一章为外语教学概述，详细介绍了外语教学法流派与发展、外语教学的宗旨与目的、外语教学的教学计划与教学大纲、外语课堂教学。第二章为不同教学原理下的外语学习，分别以行为主义心理学、认知主义心理学、二语习得理论和结构主义语言学四种教学原理对外语学习进行阐述。第三章为当代高校外语教学方法简述，先对外语教学方法进行概述，然后分别对高校外语移动教学、混合式教学、多模态教学进行阐述。第四章为信息化背景下的复合型外语人才培养，其中第一节为教育技术概述，第二节为信息技术与课程整合，第三节为基于信息技术的新型外语教学模式，第四节为信息化背景下复合型外语人才的培养路径与措施。第五章从对外传播角度对复合型外语人才的培养进行阐述，首先分析了高校外语人才培养的现状与问题，然后阐述了文化对外传播的现状和意义，之后论述对外传播复合型外语人才的核心素养，最后阐述对外传播复合型外语人才的培养路径与措施。最后一章为文化产业国际化与复合型外语人才的培养，首先介绍我国的文化交流与文化产业国际化的情况，之后阐述了文化产业国际化下的高校外语人才培养新视域，最后总结出文化产业国际化下的高校外语人才培养改革举措。

在撰写本书的过程中，作者得到了许多专家、学者的帮助和指导，参考了大量的学术文献，在此表示真诚的感谢。本书内容系统全面，论述条理清晰、深入浅出，但由于作者水平有限，书中难免会有疏漏之处，希望广大读者、同行及时指正。

权玉华

2022 年 4 月

目 录

第一章　外语教学概述 ·· 1
　　第一节　外语教学法流派与发展 ·· 1
　　第二节　外语教学的宗旨与目的 ··· 18
　　第三节　外语教学的教学计划与教学大纲 ································· 20
　　第四节　外语课堂教学 ·· 26

第二章　不同教学原理下的外语学习 ··· 34
　　第一节　行为主义心理学下的外语学习 ··································· 34
　　第二节　认知主义心理学下的外语学习 ··································· 47
　　第三节　基于二语习得理论的外语学习 ··································· 57
　　第四节　结构主义语言学下的外语学习 ··································· 69

第三章　当代高校外语教学方法简述 ··· 78
　　第一节　外语教学方法概述 ··· 78
　　第二节　高校外语移动教学 ··· 81
　　第三节　高校外语混合式教学 ·· 89
　　第四节　高校外语多模态教学 ·· 101

第四章　信息化背景下的复合型外语人才培养 ···························· 114
　　第一节　教育技术概述 ··· 114
　　第二节　信息技术与课程整合 ·· 123

  第三节 基于信息技术的新型外语教学模式 …………………… 133
  第四节 信息化背景下复合型外语人才的培养路径与措施 ………… 141

第五章 对外传播视域下的复合型外语人才培养 ………………………… 145
  第一节 高校外语人才培养的现状与问题 ………………………… 145
  第二节 文化对外传播的现状和意义 ………………………………… 149
  第三节 对外传播复合型外语人才的核心素养 ……………………… 151
  第四节 对外传播复合型外语人才的培养路径与措施 ……………… 152

第六章 文化产业国际化与复合型外语人才的培养 …………………… 156
  第一节 我国的文化交流与文化产业国际化 ………………………… 156
  第二节 文化产业国际化下的高校外语人才培养新视域 …………… 163
  第三节 文化产业国际化下的高校外语人才培养改革举措 ………… 174

参考文献 ………………………………………………………………………… 182

第一章　外语教学概述

我国的外语教学是近代才出现的。如果以被公认的1835年马礼逊纪念学校招生为起点，外语教学至今已有187年的历史。本章主要阐述外语教学的基本情况，包括外语教学法流派与发展、外语教学的宗旨与目的、外语教学的教学计划与教学大纲以及外语课堂教学。

第一节　外语教学法流派与发展

一、外语教学法概述

外语教学法作为语言科学与教育科学相互交叉的学科，属于社会科学门类。由于外语教学法处于语言学的边缘，与教育学的教学论、教育心理学、学习心理学三者紧密相连，因此，学界也将它看作语言学中的一种，即狭义上的"应用语言学"——语言教学理论。且由于外语教学法连接了教育学中的教学论、教育心理学、学习心理学与语言学，因此在传统的学科分类中，外语教学法也可以作为教育学的分支而存在。目前，我国将外语教学法看作一种"学科教学论"。毋庸置疑，外语教学法作为一门科学，无论是将其归于教育学领域还是语言学领域，都是能够被大众认可的。外语教学法作为一门边缘交叉科学，体现在其自身所交叉的语言学、教育学和心理学都具备科学性，因此，外语教学法也是一门综合的科学。在外语教学法的发展过程中，任何教学法所产生的新思想与新流派都是对当下所流行的语言学、教育学、心理学等的综合应用，都可以在这些学科中找到相关依据。

外语教学法作为一门交叉学科，学界并没有为它制定统一的理论模式，而是让其以某种特定流派的形式存在。研究外语教学法的发展历程，从某种角度来说，就是在研究外语教学法流派的竞争史。现如今，外语教学法流派众多，但只有零星的十几个大流派在世界或超过一国范围内产生了较大影响。

外语教学法这门科学在发展的进程中，显示出了与技术科学不尽相同的发展情况。在技术科学中，技术的更新往往意味着新旧时代的交替，而旧时代总会在技术科学的发展中逐渐被淘汰。多年后，只能在历史博物馆中窥探到旧时代曾经辉煌的身影。但在外语教学法的科学领域，就算是一个会对世界产生重大影响的新流派，它也往往不会影响原有的流派。这些流派能够在时代的洪流中长期共存、共同发展。外语教学法新流派的产生可以说就是为了对原有的流派进行补充、发展，但在提出发展意见的同时，有时会存在矫枉过正的情况。因此，新流派或许能在一定程度上对原有流派的某个方面进行补充发展，却并不能彻底弥补原有流派的不足，也有可能会出现原有流派没有的新问题。所以，我们要辩证地看待外语教学法流派的发展。

辩证地看待外语教学法流派的发展，就要认识到每一个外语教学法流派都不可能完美无瑕。在外语教学法领域，每一个流派都能在特定条件下发挥各自的优势，在某些擅长的方面达到其他流派无法企及的效果，但每一个流派都存在"你强我弱"或"你弱我强"的情况。正是因为这一点，才会出现各个流派都不能一家独大的局面。总之，外语教学法的各流派之所以能够长期共存，主要还是因为每个流派都有其优势，也都存在各不相同的劣势，只有相互弥补，才能共同提高。

外语教学法流派可以根据处理母语与外语、理论与实践、语言与言语、自觉与直觉、理解与模仿、分析与综合、演绎与归纳、听说读写关系的不同而分为两大派别，即传统派与改革派。古典语法翻译法是传统派的依据，为众人所熟知的翻译法与比较法等都是以古典语法翻译法为基础的，而自觉对比法则是以现代语法翻译法为基础发展起来的。改革派，顾名思义，是对传统比较法进行较为彻底的改革。因此，在处理母语与外语、理论与实践、语言与言语、自觉与直觉、理解与模仿、分析与综合、演绎与归纳和听说读写之间的关系时，就显得与传统教学法"针锋相对"。改革派以直接法作为改革的第一步，在此基础上发展出了听说法与视听法等外语教学方法。功能法作为比直接法更加激进的改革派，并没有对传统法进行改革，而是将改革派教学法的改革成果继承之后，对改革派进行了一定程度的改革。

在外语教学法发展的历史进程中，在两大派以及各支派的激烈竞争中，不断出现折中化、综合化的趋向，这表现在两个方面：第一，在一开始竞争时，传统派与改革派各执一端，似呈水火不相容之势，但到了后来，各自在实践中发现对方也确有某些合理内核可资借鉴，因此都在坚持自身基本信条和特色的基础上，心照不宣地从对方处吸取了一些合理的做法，对自己的某些极端做法作了一些技术性的调整，从而更为灵活，便于应用。这在后期的某些支派对"翻译"手段的有条件采用（而不是绝对排斥）中表现得最为明显。第二，在传统与改革两大派竞争时产生了第三派，即折中综合派，这一派没有更多自己独有的教学法主张，它只是力图调和两派各执一端的绝对化倾向，力图取两派之所长而避其短。

在介绍具体流派之前，尚需对流派名称中的"法"字作一点说明。"法"是"教学法"或"教学方法"的简称，这是国际外语教学法科学约定俗成的术语。它同时包含两层意思：一是某一种教学法流派的理论体系，即它的外语教学基本方略。在这个意义上，"法"因"派"而异。二是指具体的技术性、操作性的教学方法、方式、手段等。在这里，"法"无"派"之分，任何一派都可使用同一技术性和操作性的方法、方式和手段。

二、语法翻译法

语法翻译法作为各种翻译方法的基础，是外语教学法中存在时间最长、最富生命力的教学法流派。即使语法翻译法存在种种弊端，但许多教学单位与外语教师还是会在实际教学中采用这种外语教学翻译方法，这是因为语法翻译法在实际教学中具有非常广泛的适应性，且较其他翻译方法更简单、更便于使用。

前科学时期与科学时期是外语教学法发展史上的两大时期。毫无疑问，作为外语教学法鼻祖的语法翻译法并不是语言学、教育学、心理学的综合应用，而是前科学时期的产物。如果将外语教学法比作农业领域的科学道理，那么，语法翻译法就是比科学道理产生更早的农民世代相传的耕作技术。而在实际的农业生产活动中，无论是采用更为现代化的科学方法，还是采取"古已有之"的传统方法，只要能保证农产品大丰收，就可以说是好方法。

语法翻译法产生于中世纪的欧洲，是欧洲古人在为学生讲授如拉丁文、古希腊文等古典语言时的传统教学方法。因此，我们说语法翻译法是一种古老的外语教学法。拉丁文与古希腊文是在欧洲各国形成有文字的、规范的、全民通用的语言前，人们约定俗成的"国际语"。这种"国际语"成为连接欧洲各国的文化载体，欧洲各国有学识的人、大小官员都将"国际语"作为他们的必修课程。在各个国家越来越频繁的交往和文化交流中，使用同一种语言沟通无疑是非常方便的。对于欧洲各国来说，古典语言就是他们的第二语言，同时对母语的完全掌握和对第二语言的学习也提供了非常大的帮助。但不得不指出，拉丁文与古希腊文在当时的欧洲慢慢被淘汰了，大家在日常生活中并不会使用这种已经非常古老的语言进行交流。将古典语言列为学习项目，一是为了读懂利用这种语言写成的典籍、经文、学术著作、官方公文与告示，二是通过学习古典语言，从而利用这种语言文字进行写作，包括书信、公文与著书立说等形式。但我们也可以看出，掌握这些被淘汰的语言并使用这种语言进行演说、辩论、讲学与布道只是一小部分人需要做的，并不成体系。因此，这种语言并没有较为规范的语音规则，只能按照"约定俗成"的发音方式来学习。为了方便学习古典语言，语法翻译法便应运而生。在长期的教学实践中，语法翻译法将古文作为学习对象，将阅读作为学生学习的主要目标，取得了非同凡响的效果。因此，在当年的语言教育界，语法翻译法作为一颗新星被广泛运用在古典语言教学中，并在时代的洪流中被完整地保留下来。随着时代的进一步发展，各国民族标准语也逐渐形成，并将古典语言的地位取而代之，成为具有各国特色的文化载体。时代的发展使各国的交往与文化交流日益增多，学习他国现代民族标准语或通用语（如法语、德语、西班牙语等）已成为不容忽视的时代潮流，因而古典语言在各国交流中的地位也急剧下降。相对于已经被淘汰的古典语言，现代民族标准语可谓正流行。在学习现代民族标准语时就可以借鉴古典语言的学习方法——语法翻译法，这就是将语法翻译法称为"古典法"与"传统法"的原因。

在教学实践中，使用语法翻译法为学生讲授现代民族标准语也是可行的。因此，在其他外语教学方法产生之前，语法翻译法仍旧在外语教学领域占据着非常重要的位置。随着时代的发展，翻译法各支派如雨后春笋般冒出了头，但也不妨碍语法翻译法在外语教学法领域的主流地位。甚至可以说，在直接法这种翻译法产生以前，语法翻译法是外语教学法领域中流砥柱般的存在。直接法作为语法翻译法的对立面，在刚开始出现时对语法翻译法产生了不小的冲击，语法翻译法在外语教学法中的地位也不复从前，但即使是这样，语法翻译法还是能够在外语教学中占据一定的位置，没有退出历史舞台。在中学外语和大学公共课的外语教学中，语法翻译法仍旧以其巨大的影响力活跃着。

语法翻译法是一种通过母语教授外语的方法，语法的学习是语法翻译法的基础，对教学内容的翻译是语法翻译法最基本的教学手段。

语法翻译法以其基本主张与教学方略作为区分自己与其他主要流派的根本特点。当时人们对语言的认识、语言教育的目的是影响语法翻译法基本主张与教学方略提出的主要因素。由于当时仍处于前科学时期，因此，语言学的发展受语言科学发展水平的制约较大。

由于当时人们的认知水平有限，因此，对于语言学习的理解并不透彻。他们认为，语言是由一个个词汇与一个个语法构成的，因此，要学好一门第二语言，就要扩大该语言的词汇量，并掌握这种语言的独特语法。在掌握了这些语言的必备要素之后，自然也就能够轻松地掌握这门陌生的语言。因此在回答"教什么"这个外语教学法学科的基本问题时，语法翻译法的答案是"词汇和语法"。于是它把死记硬背大量单词和语法规则（包括语法定义、例句等）作为教学的主要内容，把掌握它们作为教学的主要目的。早期语法翻译法教授外语生词和语法往往是分头进行，都要求学生死记硬背（语法往往有单独的课本，按其自身的体系来讲授），以后为了便于理解和更好记忆，还加了一些实例，这是一个进步。连贯课文的学习较晚才开始，教课文在很大程度上也是为了更好地掌握单词和语法规则。课文既可能是意义连贯的、表达某一相对完整的意思的小文章，也可能是由意义上没有什么联系的单句拼凑组合的。随着学生掌握语法规则和单词数量的增加，课文的长度、难度以及内容的连贯性和丰富程度也相应地增长，学生可逐步过渡到阅读古典原著。学习语法规则和生词同阅读课文互为目的和手段：学习课文是为了更好地学习、复习语法规则和单词，而掌握了语法规则和单词又可阅读更难的课文。中期的语法翻译法已开始注意克服语法教学和生词教学严重脱离的弊端，尽可能早地把两者结合起来、有计划地统筹安排，遵循循序渐进、由易到难、由简到繁等一般教学论原则，通过有意义的课文来实施。在每本书中，按照学生的接受能力，教师教授学生一定数量的生词和新语法规则，然后通过有意义的课文自然地复习所学的单词和语法。此时，在入门阶段已不再强调按语法课本的系统和顺序来教语法，等到学生学会常用的主要语法规则之后，语法仍单独系统讲授。语法规则和定义，一直要求学生死记硬背。语法翻译法十分重视死记硬背，要求学生在这方面下功夫。这同西欧古代占统治地位的教育学思潮——注入式教学法有关，该方法的特点之一便是提倡死记硬背。

语法与词汇无疑是外语教学的重中之重，语法翻译法在对待语法与词汇的程度上是有所区分的。语法翻译法更看重语法的教学，这是因为语法翻译法认为：第一，掌握一种语言文字就是为了增强对这种语言的理解与表达能力。对于学习者来说，要看懂非母语的文字材料，使自己所写的目的语文字材料被目的语人士理解，就要增强这种语法分析能力，对于语法的学习掌握自然也就变得至关重要了。第二，对于学生形式逻辑的教育与逻辑能力的培养是古典教育体系中的重点，因此，关于形式逻辑与逻辑能力的知识讲授与训练体现在古典教育中的方方面面。语言的语法和思维的逻辑在前科学时期还没有较为明显的区分，人们通常将它们看作一个整体。那时的人们认为，语法是存在逻辑关系的，只要将语言的内在逻辑掌握了，那么对语法学习来说就非常轻松了。由于语法的学习与分析实际上是在练习演绎推理与提高分析能力，因此，语法教学被喻为"磨炼智力的体操"，当时的学界也对这种注重语法教学的外语教学方法赞不绝口。

语法翻译法的教学方法一般为演绎，是将抽象的定义与规则展示给学生，为学生准备实际生活中会用到的词句进行训练，然后将规则作为之后学习的引领，并在规则范围内分析语言现象，在锻炼学生遣词造句的能力时，也注重对句中语法的严格要求，长此以往，就能使学生更好地掌握语法，增进语言表达能力。语法规则是语言教学中不可或缺的语言理论。在语言教学中，语法翻译法坚持要学生先了解理论，这样才能在以后的学习中遵循语法规则，稳步提升自己的外语水平。古代产生的理性哲学理论思想是语法翻译法进行语法教学的指导思想之一。

第二语言的学习必须建立在已经熟练掌握母语的条件下，这是因为无论学习的第二语言是古典语言还是现代语言，其与母语的语法习惯和词汇都不尽相同。在入门阶段，语法翻译法为使学生更好地学习、理解、掌握第二外语，采取了以下两种方法：

（1）使用母语为学生讲授第二外语。这样能在最大程度上方便教师的教学，也更利于学生理解所学内容。

（2）利用翻译这种教学手段为学生进行生词的释义及课文的讲解。

只有经过翻译，把生词逐一翻译成母语中相应的词，学生才能正确理解；课文中的句子也只有逐个翻译成母语（这里还需要加上语法分析），学生才能正确理解。

语法翻译法的教学指导思想可以简要表述为以下几条原则：

（1）语法与词汇是外语学习的全部要素。

（2）学习一门外语的最终目的与重要手段就是进行语法的学习。

（3）使用母语教授外语，使用翻译这种手段为学生进行讲解，让学生做练习以及检查学生的学习效果。

（4）教授一门外语的基本单位是单词。

（5）将听、说、读、写贯穿在整个教学过程中。

（6）在外语教学过程中，教材内容应选择文学作品名篇。

（7）语法翻译法的三个支柱分别为语法、翻译与文字。

三、直接法

（一）直接法产生的背景和一般情况

19世纪50年代，世界各国开始了越来越频繁的人际交往与文化交流，以通商贸易最为典型。但各个国家之间的语言差异使人际交往受到极大阻碍，因此，以口头交际为主的语言交际为实际掌握外语的人才提供了宝贵的机会。但语法翻译法无法满足"口语交际"这一需要，因此，直接法便在这种社会背景下被创造出来，目的就是使人们具备外语口语交际的能力。

同时，语言学、心理学和教育学也都为这种新的外语教学法的产生提供了理论基础。例如，语音学对欧洲几种主要语言的语音体系做出了全面科学的描述，提出音和字母对应关系的理论；语法学对这些语言的语法结构已进行全面的描写和初步的对比；词汇学则提出语义随语境变化等理论；成语学初步建立。语言学的研究成果证明：不同语言的结构和词汇不存在完全的对等关系，这从根本上动摇了以逐词翻译为基本手段的语法翻译的理论。心理学和教育学此时正在研究学生的年龄特征、记忆能力、刺激和兴趣在学习中的重要性等问题。

外语教学法从前科学时期进入科学时期的标志就是直接法的产生。

当时，出于纯实用目的的外语训练班与外语学校是应用直接法最早的地方。在这之后，许多国家的中小学也都开始使用这一外语教学方法。

（二）直接法的基本特征

对于直接法，《韦氏国际英语大辞典》中存在这样的观点：直接法作为一种现代外语的翻译教学方法，是直接通过外语来讲授外语，而不再使用母语教学，无须翻译，也不使用指示实物、图画或演示动作等形式语法来讲授第二语言。在直接法产生之前，外语教学法还只有语法翻译法一家。因此在考察直接法的基本特征时，只能以语法翻译法为唯一比较对象。

语言有形式和意义两方面内容。语法翻译法通过翻译和本族语讲解使学生理解外语的意义，通过对形式语法（传统语法）规则的事先灌输或注入以及对所学语言材料进行语法分析，来使学生理解外语的形式；翻译和语法练习是语法翻译法"练"的主要形式和基本内容。直接法则从讲到练都反其道而行之。从第一节课开始，便用外语本身来讲练外语，使学生通过外语来学外语的意义和形式；通过用外语进行的听、说、读、写四种言语活动的实际训练，来培养学生实际运用外语进行听、说、读、写的言语能力。直接法倡导者提出了"Learn to speak by speaking"（从说中学会说）、"Learn to read by reading"（从阅读中学会阅读）这类有名的口号。

在整个教学过程中，直接法用外语讲练外语的主张还受到反映教学普遍规律的教学论一般原则的严格制约，如可接受性原则、循序渐进原则、系统性原则、巩固性原则等。而对于直观性原则和积极性原则，直接法比语法翻译法要重视得多。此外，直接法还特别注意遵循"由已知到未知、由易到难、由浅入深、由简及繁、由近及远、由具体到抽象"等原则。

由此可见，用外语讲练外语的直接法教学方式实质上就是通过对学生已知外语语言材料的使用对学生未知语言材料进行讲解的过程。在直接法的教学过程中，有时会出现学生已知外语语言材料较少，达不到学习新的外语材料的要求的情况，在这种情况下，直接法就会借助一些辅助手段为学生讲解新的语言材料，如使用实物、图画、动作、表情、上下文与语境等。在这些辅助手段能够清楚地为学生讲授新的语言材料的前提下，应尽量减少母语教授的频率。直接法这种外语教学方法在教学过程中能够锻炼学生逻辑思维能力的原因就在于它宁可使用比母语讲授更为费力的方式为学生提供语境教学条件，也尽量不在学生缺乏思考的时候轻易使用母语来达到教学目的。

除此之外，直接法这种外语教学方法注重对学生实践能力的培养，即在"讲授"与"练习"这种双边活动中，其更倾向于让学生进行一系列实践操作活动。

（三）直接法的基本原理和主要教学原则

"幼儿学语论"是指在外语教学过程中参考幼儿在学习母语时的自然基本过程。由于幼儿学语论是直接法的基本原理，因此，直接法在早期的学术界也被称为自然法。

直接法倡导者在观察现实中幼儿学习母语的过程时发现，幼儿总是能够在短时间内学会足以满足口语交际需要的语言，且幼儿还能发出较为规范的发音，学习过程也并不艰难。因此，直接法倡导者就决定在外语教学中使用幼儿学习母语时的方法，力求外语教学最大限度符合人类学习语言的自然规律。直接法的主要教学原则也是因此被确定下来的。

1. 直接联系原则

在幼儿学习母语的过程中，学习新词语并不仅仅是在学习这个新词语本身，而是会将新词语所代表的事物与意义也一同储存在脑海中。因此，在为学生讲授新的语言材料时，应该尽量做到将外语词语与其所代表的事物与意义相结合，做到让学生一看到新词语就能够在脑海中搜寻到这个新词语所代表的含义，避免母语对学生学习新词语造成干扰。由于在外语学习的过程中，"翻译"作为连接母语与非母语的桥梁是不可避免的，于是，"间接法"就作为语法翻译法的显著特点产生于人们对语言的翻译过程中。但间接法也有其弊端，随着语言学习的逐渐深入，学生难免会在学习的过程中越来越依赖"翻译"这种简便的学习方式，这就导致学生日常无法跟上他人口语交际的速度。在外语教学中始终坚持"直接联系"原则，能够帮助学生摆脱"心译"这个学习方法，逐步增强学生的外语水平。在那时的语言学界，已经有许多语言学成果证明各个民族的语言都有其各自的特点，在表达方式上体现出一定的"成语性"，不同语言的同一个词不一定都能一一对应。因此，对一个新的外语句子进行逐词翻译的方法并不是学生学习地道外语的最佳方式，反而可能将外语"母语化"——使用母语的语言习惯看待外语。直接联系原则存在的作用就是培养学生的外语思维，使学生能够学到地道的外语并进行口语交际。

直接法提出了在外语教学中可以使用母语的四种情况，分别是：在讲授新词语时无法利用现有外语语言材料与其他直观手段为学生清晰讲授时；为学生讲解某个语汇的发音部位与方法时；为学生厘清外语的语法规则时；在学习告一段落，检查学生的理解程度时。除此之外，直接法的倡导者仍然追求用外语教授外语的教学方式，并认为使用母语进行语言教学只能出现在"不得已而用之"的场合。

2. 句本位原则

由于幼儿学语是直接法的基本原理，且幼儿在学习语言时通常会学习一个完整的句子，因此，外语教学也应该秉承这样的方式，将一个完整的语句作为一个教学单位为学生进行讲授，这样可以使学生在学习语句的同时熟知句子中的单词并掌握其用法，也有利于学习较为自然、本土化的语音语调。语句可以将语言的"成语性"和民族特点充分表达出来，句本位原则为地道的外语学习提供了坚实有力的支撑。语句作为口语交际的基本单位，语句学习是提高交际能力的必由之路。那种先经过心译，再到记忆的单词库中去挑选所需的单词对号入座，然后再按已知的语法规则拼凑成句子的做法永远也赶不上口头交际的速度。句本位原则好比现代建筑工程中的预制件，拿出来的都是一个个现成的大件，而无须一砖一瓦地拼凑。学生学了一定数量的现成句子后，自然会在脑子里进行类推、替换，创造出许许多多没有学过的新句子来。

但需要注意的是，直接法虽然遵循句本位原则——将完整语句作为外语学习的基本单位，但单词与语音的教学仍旧是非常必要的。这个教学法流派坚持将单词与语音放在句子中教授，而不是将单词与语音规则独立于语句教学。

3. 模仿原则

幼儿学习语言并不是从规范地学习语法规则开始的，而是通过对周围人话语的模仿逐渐掌握的。由此可见，外语教学也应当让学生在学习的过程中注重模仿练习。直接法对于语言理论的作用并不看好，它认为语言作为一种习惯，应当在日常的模仿练习中培养。

4. 用归纳的方法教授语法规则原则

在幼儿学习语言的时候，对母语的语法结构也有了一定程度的了解。对于书本语法的学习，主要是为了在之后说话、写作的过程中分辨句子是否符合一般规则，文句是否正确通顺。学生学习外语的第一步就是掌握实际的语言材料，只有掌握了语言材料，才能从其中概括出相应的语法规则，为之后更好地学习这门语言作铺垫。

外语语法结构对于外语学习是非常重要的，因此，掌握外语的语法结构是学好外语的基础。在许多优秀的直接法课本中，有许多关于语法结构的讲解，而在外语学习的入门课本中，每一课都会存在两个以上的重要语法点，这就反驳了"直接法不教语法"的观点。

5. 以口语为基础的原则

在日常生活中，我们可以发现，幼儿在学习语言时是从学说话开始的，因此，外语教学也要抛弃从文字开始的教学方法，将入门教学集中在"让学生开口说话"上。听、说这两个阶段根据学生自身条件的不同，所耗费的时间也不一样。在直接法倡导者的观念中，"听、说、读、写"自然可以并重，但在刚开始学习一门新的语言时，口语仍然是学生学习与教师教学的重点。

6. 以当代通用语言为基本教授内容的原则

幼儿学习的语言都是那个时期的社会通用语言，在学会后能立刻使用学到的语言进行日常交际。在学习古典文学著作时，有时也会用到直接法的教学方式。

7. 精选语言材料的原则

幼儿在学习语言时，会使用非常简单且有限的语言，如音素、常用单词、成语与语法结构等进行交际活动。因此，外语教学也可以从幼儿学语中寻找教学方法，如可以筛选出最常用、最简单直接的单词、语法结构、常用句式等。帕默、韦斯特在寻找简化外语教学的方法上做出了卓越的贡献。循序直接法（也称基本英语派）是后期直接法的一个支派，理查兹是循序直接法的代表人物，他曾经就英语教学筛选出 850 个基本词汇。将学生的学习重心转移到掌握少而精的语言材料上，是直接法倡导者的基本主张。直接法倡导者要求教师在对学生进行教学时，首先就要将这些真正管用的语言材料教授给学生，将不常用的、较生僻的单词与烦琐的语法放在不那么重要的位置。

我们可以从上述分析中得出，直接法的各项教学原则彼此之间存在着较为密切的联系，并且相互制约。各项教学原则同"幼儿学语"原理共同构成了相对完整的理论体系。因此，我们在看待直接法时不能将某一个教学原则孤立出来，认为某一个原则就代表了直接法的全部特点与主张，而是应该将各项教学原则综合看待。

在外语教学的提高阶段，直接法的教学原则并未显示出其典型特征。与外语教学的提高阶段相比，直接法的各项教学原则在外语教学的入门及基础阶段体现得较为全面。

直接法倡导者还制定出多种行之有效的"讲"和"练"的方式。如果我们从历史来源上加以考察，现今外语教学法教科书所介绍的种种讲练方式，除翻译和语法分析以外，绝大部分都是由直接法创造出来的。特别是在口语训练方面，直接法倡导者的贡献尤其大，这不能不说是直接教学法的历史功绩。

（四）直接法的优缺点和采用条件

直接法的优点主要有两点：一是将外语教学外化成比较直观的手段，注重学生的外语实践，使学生在学习了一句话后就能将这句话应用在日常生活中，可以提高学生对于外语学习的积极性。二是能够在一定程度上培养学生的外语思维和口语能力。

直接法也存在一些缺点。直接法在外语教学中对外语的实用目的较为看重，即注重外语教学最后的教学成果，往往忽略了外语教学对学生的教育、教养目的。因此，使用直接法培养出来的学生与使用语法翻译法培养出来的学生相比，在独立工作能力、文学修养与阅读高深文献的能力上存在一定差距。也正是这个原因，反对派对直接法存在诸多不满。

要使直接法发挥出其本身的优越性，必须满足以下三个条件：第一，教师在理解直接法精神实质的基础上掌握外语，并具备外语教学的能力。第二，在使用直接法进行授课时，应该尽量控制每个班级里的学生数量。第三，由于直接法认为语言是一种习惯，因此，在采用直接法进行教学活动时，要满足课时要求，不能过少。如果条件不具备而采用直接法，有时反而会导致教学质量的下降。这是因为使用直接法是一种教学艺术，外语的语言习惯需要学生通过大量的练习实践才能培养出来。上述三个条件在课外不具备外语环境的学校中尤为重要。因此，选用直接法为基本教学法，要根据条件谨慎从事，但这并不妨碍我们从直接法中吸取个别积极因素来改进我们的教学。

四、自觉对比法

（一）自觉对比法的一般情况

自觉对比法也叫比较教学法、翻译比较法等，它的故乡是苏联，苏联在20世纪30年代至50年代初期采用此法。自觉对比法经政府的提倡和行政命令的推广，在很长一段时间内成为苏联唯一的正统教学法。东欧等国的外语教学长期以来也用此法。20世纪50年代后期至60年代初期，苏联外语教学界就此法得失进行过两次大讨论。从此以后，中间经过"新直接法"阶段，自觉对比法的地位被"自觉实践法"所代替，但在苏联外语教学界仍一直保持强大影响力。

20世纪50年代后期，自觉对比法已形成一套完整的教学法理论体系。其理论建立在语言学、心理学、教育学的基础之上，具有苏联以及十月革命前俄罗斯学派的语言学、心理学、教育学特色。例如，在语言学理论方面，它继承了布斯拉耶夫等人的有关外语教学以及普通语言学的某些观点。苏联著名语言学家谢尔巴院士的《中学外语教学》一书，被推崇为该派理论的奠基之作。1950年，自《马克思主义和语言学问题》一书发表后，该派又力图用斯大林的语言哲学来论证其教学理论的正确性。在心理学和教育学方面，该派充分利用苏联心理学和教育学的有关理论，特别是巴甫洛夫学说。同时，他们还特别重视对教育家乌申斯基的有关外语教育的思想遗产的继承。

自觉对比派的理论权威当推拉赫曼诺夫。他是谢尔巴的门生，精通德语，有教学著作多部，其中《外语（新西欧语）教学法史纲》一书影响尤其大。该派早期代表人物有E.M.雷特、K.A.甘申娜等。20世纪60年代以后，上述代表人物的教学法思想也有各种不同程度的改变。

自觉对比法的成长以直接法为对立面，它的发展史就是一部对直接法的批判史。该派第一部系统理论著作——雷特的《外语教学法原理》（1930）在阐述外语教法基本理论问题时，对直接法进行了全面的批判，还带有政治和意识形态的色彩。

（二）自觉对比法的主要教学原则和常用教学手段

自觉对比法除了严格遵循苏维埃教学论的一般教学原则（如思想性、积极性、自觉性、系统性、循序渐进性、可接受性、量力性等原则）以外，还具有一些只为外语教学所独有的特殊原则。

1. 依靠母语原则

这是自觉对比教学法体系中最重要的特殊教学原则。翻译和对比有助于学生更深刻地领会母语和认识自己的思维，可以有效地防止母语的干扰作用。这条原则还有一个重要内容：教学全过程都要用母语来讲解外语，特别是用母语来解释语音、语法和其他材料。

依靠母语原则的实质在于应尽可能使学生在已有母语知识和技能的基础上去获取外语知识和技能，同时教学过程应设计成能使两种知识和技能互相促进的模式。

2. 在理论指导下的实践原则

这里所说的"理论"指外语以及同母语对比的语言理论知识，包括语音、语法、词汇、修辞等方面的知识或规则，主要指语法。

这一原则的基本思想是要求教学中理论先行，一切实践都必须有理论的指导。这样的实践才是自觉的实践，否则便是盲目的实践。自觉对比法的入门课本在讲解语音前，每个音都有发音部位图，往往还附有母语所做的文字描述；之后教读音规则，也都有此类文字说明；在教授一个新语法现象之前，都先用母语讲解规则。有些教材在每课之后还附有用母语所写的词汇注释。自觉对比法还要求在理解的基础上进行模仿，只有理解了的东西，才能记忆得牢靠。

3. 在分析基础上的综合原则

自觉对比法主张在学习句子之前，要先学习构成句子的要素——语音语调、单词和语法规则，这样才能真正理解这个句子。也只有在理解的基础上学习句子，才是自觉的学习。

4. 以文字材料为基础的原则

自觉对比法与直接法不同，它反对以听说为主的教学方式，注重以文字符号为基础的眼到、口到、耳到和手到。自觉对比法重视外语教学的教育与教养意义，因此，自觉对比法较直接法来说，对文字符号与书面材料的重视程度较高。除此之外，自觉对比法对以听说为主的教学方式的反对还体现在：第一，口语具有较为明显的线条性与不确定性，文字符号与书面材料不受时间限制，可以为学生提供稳定的分析材料。第二，以心理学的观点作为支持，其认为感觉器官的参与对于记忆是越多越好的，要想具备扎实的记忆力，感觉与思维的结合是必不可少的。

5. 以文学语言为基本教材的原则

文学语言的学习是外语教学最主要的任务，这是自觉对比派站在外语课程普通教育与教养任务角度形成的认知。在学习文学语言时，外语国家的名著原文或改编片段是最好的教学材料。这是因为文学作品的语言经过了作家加工与润色，已经具有了学习的价值与意义，并且许多作家在遣词造句方面都有着非同一般的能力。因此，学习名家名品对于外语语言的习得有诸多帮助。

自觉对比派在以下几种基本教学手段中都将上述几项教学原则贯彻在了外语教学中：两种语言的对比，翻译，用母语进行的语言理论知识讲解，语法分析，分析性阅读。我们可以在自觉对比派的外语教学中看到这些原则的影子。对于这五种基本教学手段，自觉对比派认为研究得最全面、最透彻的当属翻译、语法与分析性阅读三个方面。

五、听说法和视听法

（一）听说法

听说法教学方略的提出，实际上是美国当时语言学和心理学新理论的综合应用。当时美国语言学的主流派是结构主义（描写语言学），而心理科学领域的主流派则是行为主义。结构主义认为语言是一套结构，而许多语言的结构是通过各种句型得到体现的，因此，要掌握一种语言，首先要掌握该语言的各种句型，特别是常用句型。当然，学习语言也必须掌握一定数量的词汇，学会正确的发音和语调，但这些也是通过句子才得以体现的，即通过句型才能有效学到。行为主义则认为语言是一套习惯，而习惯又是经过大量反复的"刺激—反应"（S—R）才能形成，乃至牢固的。从以上的语言学和心理学基本原理出发，外语教学便被归结为"句型操练"。因此，听说法就其最本质的特点而言，可以说是"句型操练法"。"句型操练"这四个字代表听说法简洁而准确地回答了外语教学法的两大基本问题："学什么"（句型）与"怎样学"（操练）。

听说法的指导思想可以用以下教学法原则来概括：

（1）句型操练原则。这项原则是直接法中"句本位原则"的发展，在直接法产生的时代，语言学的发展水平并不高，因此，关于"句型"的理论未被发掘出来，就更别提一些具体的句型研究成果了。在直接法的年代，更多的是凭借教师的教学经验来判定应该教授给学生什么样的句子和句式。随着时代的发展，听说法逐渐盛行。在那时，美国结构主义语言学已经开始研究某些语言的句型，并取得了一些研究成果，也为听说法的句型教学提供了坚实的科学基础。语调也是句型的一个基本要素。在听说法时期，通用语言的语音、语调等要素都已经被写入语音学的教材中，有利于学生对句型进行进一步的操练。

（2）口语领先原则。这项原则同直接法的"以口语为基础的原则"一脉相承，而且听说法特别强调"领先"二字。新句型一般先口头操练到拥有一定熟练程度才转入书面文字，即先听说，后读写。听说是重点和基础。"听说法"即因此而得名。此法在20世纪60年代传入中国时，国人把它更名为"听说领先法"，就是这个道理。

（3）反复实践形成习惯原则。这项原则是根据行为主义心理学"刺激—反应"形成习惯之说而来的，实际上也是同直接法的"模仿原则"一脉相承，只不过是提出问题的角度不同，而解决对策则没有两样。在这里，听说法根本不提语法条条框框的问题，它认为这些死规则无助于形成新的语言习惯。语言习惯的形成主要靠反反复复的练习。母语习惯的形成既然如此，外语习惯的形成也不例外。书本上的语法规则不必学，也无须在事先学，事后也不一定学，因为学习语言就是学习它的结构，而结构的全部内容都"尽在句型之中"。掌握了全部句型也就掌握了语言的结构，也就掌握了语言。另外，美国结构主义语言学反对传统语法，不承认有什么"语法规则"（传统语法所总结和描写的"语法规则"），听说派的哲学指导思想是经验论，他们只相信来自实践的经验，十分轻视理性（这里指语法规则）。

（4）有错必纠、及时纠错原则。俗话说，"江山易改，本性难移"，在行为主义心理学中，对于习惯的认知也是如此。语言作为一种习惯，如果从一开始学习语言的时候就养成了错误习惯而不加以改正，就会使之后的语言学习变得更加困难。因此，教师在对学生进行外语教学时要密切观察学生的语言习惯，在不好的语言习惯形成前予以纠正。

（5）限制使用母语原则。限制使用母语原则是直接法中"排除母语原则"的发展。听说派的观点是，语言的句型操练是培养良好语言习惯的基础。在教学过程中使用母语和翻译手段实施教学活动，实质上是占用了外语句型操练的时间，会延长良好外语习惯的形成时间，因此，为了尽快将良好的语言习惯培养出来，就要限制母语与翻译教学手段的运用。在进行句型操练时，使用单语练习的频率要远远高于使用翻译练习的频率。

（二）视听法

视听法实际上是直接法和听说法的继承和新发展，同时又在一定程度和某些方面克服了前人的不足。视听法的正式全称是"视听整体结构法"。全称传达了这一教学法的新特征：第一，这是一种外语教学同电、声、光等现代技术手段相结合的教学法；第二，这是利用声音和图像来进行语言教学的方法；第三，它是一种听觉、视觉和思维活动相结合的教学法；第四，它是从整体上感知所学话语入手的教学法。

视听派认为：语言不只是一种由语音、词汇、语法组成的抽象系统，它具体存在于交际之中，存在于交际时所使用的语句之中。学习语言也应当从应用于交际的话语或句子入手。话语一般都是成段的整体，由句子组成，句子又由词组成，词由音位组成。音既存在于词，又存在于句子和话语的整体之中。现实生活中没有的音、词，只有将之用于句子乃至话语整体，特别是在话语中才能表现得最为充分。个体存在于整体之中，结构要素存在于结构之中，离开后者，前者毫无意义。因此学习语言的顺序应当是"话语→句子→词→音位"。这实际上是反以往传统派教学法之道而行之。以往通行的顺序是：音位（或字母）→词→句子→课文（或篇章）。同时，这也把从直接法到听说法的句本位、句型操练的教学法主张向前推进了一步：由句子发展到话语，而在现实生活中由交际引发的话语或语句又往往是同一定的情境相联系的。因此学习语句的最好办法是紧密联系产生该语句的情境。这时，现代电、声、光等技术手段为实现这一结合创造了良好的物质条件。另外，视听派也遵循行为主义学习心理学"刺激—反应"理论，他们认为对学习语言来说，声音加图像的"整体性刺激"比起单纯的声音刺激会收到更佳的学习效果。以代表情境的画面同与此紧密相连的有声话语为手段，便于讲清课文，更便于组织灵活多样的练习。综上所述，视听派所说的"整体"指的是包括从语句到情境的声音和图像相结合的整体，句型即存在其中。句型操练也应当是在整体结构的话语中、在同情境的联系中和在声音和图像的结合中所进行的有意义的操练。

在交际过程中，大脑的左半球接收的是来自外界的语言与逻辑信号，而右半球则接收非语言的形象信号。相对于只让人听声音、不让人直观地看到声源这种形式相比，在大脑的左右半球同时工作时，人们对于外界的信息接收效果最好，在学习语言时也会发挥出意想不到的能力。在心理学有关的研究中提到，人脑通过眼睛接受画面和图像所传递信息的速度要比只通过耳朵接受声音传递信息快许多。因此，为使人们能够高效率地获取信息，就要力图使人脑通过眼睛获取信息的方式发挥更大的作用。毫无疑问，在外语教学活动中也可以采取这样的教学方式，即结合声音与图像的"整体"学习法。

视听法还有其他重要的教学法原则，如限制使用母语与翻译、对比母语和外语两种语言以确定难点和重点等，与听说法相同，此处不再赘述。

视听法的优缺点以及适用条件也与听说法基本相同，只是它在一定程度上（而不是从根本上）克服了听说法的机械训练和缺乏意义训练的弊端。

第二节　外语教学的宗旨与目的

一、以"创新教育"为教学指导

外语教学方法无论从实践上还是从理论上，都是随着时间的推移而不断发展的。发展至今，"创新教育"这一理念成为外语教学的中心指导思想。创新教育的内涵是指："学校对学生进行创新精神和创新能力、创新素质的培养和教育。"

创新能力包括"具有较扎实的基础知识、基础技能，有较宽的知识面、较强的实践能力等"。在创新教育思想的指导下，教学实践也应提倡现代的"创新性教学方法"，即以培养学生创造性思维能力为宗旨的教学方法。

二、以学生为教学中心

语言习得理论是现代外语教学的基础，"教学"到"学教"的转变意味着现代外语教学的中心已经从教师的教学转向了学生的学习。在今后很长的一段时间内，学生都将是外语教学的中心。因此，教师在外语教学过程中要尊重学生的主体地位，尊重并保护学生的创造性、学习活动与学习方法，将课堂结构从扁平化转向立体化；教师在为学生传授基础知识的同时，也要将培养学生对于基础知识的运用能力放在突出位置，实现语法教学为人际交往服务的目的；为提高外语教学内容的综合化水平，教师在外语教学的过程中还要注重本学科与其他学科之间的联系。

三、"以旧取新"为教学立足点

外语教学方法应该随着社会对外语人才质量的要求不断与时俱进。当今时代的发展尤为迅速，因此，外语教学也出现了许多新型的教学方法，但无论教师在课堂中采用什么样的教学方法，都要注意鼓励学生对之前习得的旧知识的运用，通过运用旧知识去获取新的知识。在这样的教学过程中引导学生，使学生养成使用旧知识分析新现象的习惯，培养学生独立学习的能力，以达到培养学生独特技能的目的。

第三节 外语教学的教学计划与教学大纲

一、外语教学的教学计划

（一）教学计划的概念与意义

我们将对专业课程的设置与对教学活动的整体规划合称为教学计划。教学计划中应该包含学校的教学、生产劳动和课外活动等事宜。学校设置的学科、学科的开设顺序及课时的分配比例是具体教学计划中必须包含的内容。有些教学计划还会对学期、学年与假期做出详细划分。

教学计划是一个学校的指导性文件，在学校的教学活动中起着至关重要的作用。学校中关于教学的课程设置、教学环节与教学活动无一不在教学计划的考虑范围之内。教学计划决定了教学内容的方向与结构，影响着本时代的教育是否能满足一个国家的经济建设与社会发展需要。

教学计划主要分为指令性教学计划和指导性教学计划。它们适用于不同时期、不同系统、不同院校、不同专业。目前，我国各级、各类高等院校办学自主权逐步扩大，院校教育主要采用的是指导性教学计划。

（二）制订教学计划的指导思想与基本原则

教学计划必须全面贯彻党和国家的教育方针，把坚定正确的政治方向放在首位，使学生在德育、智育、体育和美育等方面都得到发展，进而成为社会主义建设需要的高等专门人才。

教学计划必须充分体现"教育必须为社会主义建设服务"的方针，在适应高等教育普遍规律的同时，还要将时代发展过程中产生的现代化远程教育的特点融入教学计划之中，使教学计划更具科学性、系统性与实用性。在制订教学计划时，教学计划的兼容性、专业与课程设置的针对性以及教学形式的多样性是必须要考虑的。政治与业务、理论与实践、需要与可能这三组关系也要体现在教学计划中。制订教学计划的基本原则有以下几点：

1. 目的性、结构完整性

教育目的与任务的实现是制订教学计划的最根本目的。制订出的教学计划要能够完整体现一门课程的结构。在教学计划中，不仅要注重各学科间的平衡发展，而且要保证学生德、智、体、美、劳全面发展。

2. 内部协调性、基础性与多样性

在制订教学计划时，要充分考虑课程系统内部基础课与提高课、分科课与综合课、理论知识课与实践课、必修课与选修课的关系，将课程理论作为制订教学计划的依据，体现教学计划的基础性与多样性。

3. 教学为主，全面安排，变革与稳定结合

在制订教学计划时，要明确教学的主导地位。为保证知识系统的完整性，要充分考虑各学科之间的关系，同时统筹安排各学科的学时设置，发挥学生特长，将统一性与灵活性相结合、变革与稳定相结合。

（三）教学计划的结构与内容

教学计划按专业制订。应根据院校的专业性质和任务、学生的生理和智力发展特点、各门课程的知识联系及教育教学的环节来规定课程的设置、顺序和时数等。教学计划一般按下面这个框架编排。

1. 招生对象与培养目标

招生对象是指要成为本专业培养对象而必须符合某些条件与要求的人。培养目标是经过培养训练，最终使学生达到适应相应专业工作的目标，使之成为能胜任相应专业工作的人才。

2. 培养规格

培养规格是指受教育者在毕业时应当达到的基本要求和水平，涉及政治思想、业务能力、身体素质等方面。

3. 学制与时间分配

学制是指学生在校学习的年限，如四年制大学本科、三年制大学专科等。

时间分配包含三个方面：一是在规定学制内各学年的时间安排（以教学周为单位），二是各类课程学习时间的分配（以学时为单位），三是各类课程学分的分配（以学分为单位）。这三方面的内容可以通过表格的形式表现出来。

4. 课程设置

（1）课程类型

从结构体系上看，课程有两种划分：一种是层次构成，包括公共基础课程（或称共同基础课程）、专业基础课程、专业课程、跨学科课程；另一种是形式构成，包括必修课程、限修课程、选修课程。

（2）教学进程

教学进程体现在课程设置与学习时间分配的结合上，即利用表格的形式，把公共基础课程、专业基础课程和专业课程按照学年、学期和学时总数顺序编排，明确标定学制学年内学生应依次完成的学业。

5. 综合能力指标体系

综合能力指标体系是指学生在各个学习阶段（通常以学年为单位）所要达到的综合能力指标。

6. 教学实施要求

教学实施要求是对一定专业教学的实施者在实施教学计划时所提出的各种要求。在这一部分中，通常要求教学计划实施者掌握某专业的教学指导思想，注重知识、能力与素质的有机结合，因材施教，重视培养学生的创新意识，适时更新教学内容，并加强现代教育技术在教学中的运用等。

此外，教学计划中还应有依据专业特点而规定的课程主要教学形式，如课堂讲授、讨论、考试、考查等，还应规定学年、学期的起止时间，上课、考试、实践、劳动、军训、假期的起止时间等。

二、教学大纲的设计

随着外语教育的发展，大纲设计已成为外语教育领域中的一个分支学科。外语教学大纲的设计与外语教育理论、外语教学法流派有着紧密的联系。不同的外语教育理论、外语教学法流派都有自己的大纲设计理论。

（一）教学大纲的基本结构与编写原则

教学大纲以纲要的形式规定一门课程的内容、体系和范围，是编写教科书的直接依据。教学大纲通常包括说明和正文两部分。

说明部分一般要指出课程的性质、适用对象及开设学期，阐明教学的目的和要求；规定学生应该学习哪些知识以及知识的深度和广度，应掌握哪些基本技能及具体要求；对习题和考核的要求，教学中应注意的问题以及在教学方法上的要求；与有关课程的联系以及同课外活动的配合等。

以纲要形式列出的教学大纲正文包括教师在教学活动中应该为学生讲授的知识、技能、标题、要点、授课时数，教师为学生布置的练习、实验、实习作业与实践参观活动等。在部分教学大纲中，还会列举出教师的参考用书、学生的参考读物与教学设备等内容。

教学大纲的主要作用就是为每门学科开展教学提供思路，如怎样与如何选择课程、选择完毕怎样组织课程教学等。编写出来的教学大纲必须符合教学内容的科学性、思想性、基础性、可接受性、统一性和灵活性、系统性与联系性。

毋庸置疑，教学大纲的设计思路要跟随时代。随着课程论与教学论不断发展变化，在目前教学大纲的设计中，还存在一些需要改进的地方。

第一，教学大纲遵守基础性原则不代表不吸收学界最新的科学成果，也不代表要固守成规，反之，应该注重最新科学成果的发表对于教学大纲的积极影响。教学大纲也要随着时代的发展与时俱进。第二，现阶段的课程大纲能够保证科学性、基础性与系统性，但对于理论与实际的结合并不重视。第三，统一性与灵活性的结合要加强。第四，教学大纲在落实社会对学校教育提出的要求时，也要注重与教学内容相结合，提升学生对于外语学习的兴趣与求知欲，将学生智力发展与能力培养放在突出位置。

（二）教学大纲的设计类型

近几十年来，外语教学大纲的设计基本上可以归纳为以下几种类型：

1. 以语言形式为基础的大纲

将语言形式与结构作为编写大纲的主要依据。使用这种方法编写出来的大纲就可以称为以语言形式为基础的大纲。将各种不同的语言成分分成独立的几个部分进行教学，将这些语言成分全部教学完毕，再将其组成完整的语言系统。以语言形式为基础的大纲可以分为以下两个类别：

（1）以语法为大纲的设计体系

掌握语法知识系统是语法大纲设计的主导思想。语音、词汇和语法是语言体系的组成部分。人们将词分成名词、动词、代词、形容词、数词、副词、感叹词等类型，然后从句子成分、句子种类、句子类型等方面学习语法，就因为这样能够使语言体系更容易被把握。同时，将动词分为各种不同的时态也有利于包含语言各组成部分与各层次语言项目的语言体系的形成。以语法为纲的大纲设计体系有着悠久的历史与完善的理论体系，这种大纲设计体系在对语言使用、培养听说读写与交际能力方面并不看重，而更重视课堂教学中使用语言形式的传授方式。

（2）以句型结构为大纲的设计体系

掌握句型结构是这种结构大纲的主要指导思想。由于语言从本质上来说是一种结构体系，因此，对于语言的掌握最重要的就是掌握语言中的句型结构。这是结构主义语言学的观点。结构主义语言学在设计外语教学大纲时，设计依据是行为主义心理学的刺激、反应和强化理论。以句型结构为纲的大纲设计与以语法为纲的大纲设计一样，也不看重语言使用、听说读写与交际能力的培养，但与以语法为纲的大纲设计不同的是，以句型结构为纲的大纲设计注重学生对句型结构形式的训练。

2. 以综合运用语言为基础的大纲

以综合运用语言为基础的大纲将培养学生对语言能力的综合运用作为出发点。与以语言形式为基础的大纲的观点不同，以综合运用语言为基础的大纲在选择与安排语言材料时重视外语教学的情景、话题与题目。这类大纲有以下五大类：

（1）情景大纲

顾名思义，情景大纲就是将情景作为材料进行大纲编写。在设计情景大纲时，社会语言情景是安排单元和语言项目的依据。这种大纲设计的目的是为了培养学生的口语交际能力。情景大纲设计可以将课文设计成"乘车""旅游""看电影""看球赛""邮寄东西""问路""购物""看病"等情景对话形式，在对话中插入本节课程所需要掌握的单词、语法、句型等要素。但情景大纲设计也存在一定的弊端。在语言教学的初级阶段，由于学生不具备较高的语言能力，因此可以暂时忽略语言的系统性，将情景大纲融入此阶段的教学。但到中高级阶段就不能与情景大纲完美兼容了。因此，要注意情景大纲使用的阶段性。

（2）意念大纲

意念大纲（功能意念大纲）是把学习运用语言的需要作为出发点，内容主要是语言功能和意念项目。语言功能就是语言行为，是通过语言将一件事、一种思想表达出来。意念是指想要通过语言表达什么。意念规定了外语交际的需要与外语交际的目标，将想要表达的意思、概念或思想内容固定下来。在设计意念大纲时，是以语义语法、情态意义、交际功能及它们所使用的语言为基础。

交际能力的培养是功能意念大纲的努力方向，但若只注重功能—意念的形式而忽略了实际内容，培养交际能力也就无从说起了。

（3）交际大纲

对学生交际能力的培养是交际大纲的主要目标。语言交际模式是交际大纲设计的重点。

（4）折中大纲

顾名思义，折中大纲就是将语言形式与综合运用语言放在同等重要的位置，结合各种大纲设计的优点，规避各种大纲设计的缺陷。

（5）过程方向性大纲

①任务大纲

任务大纲（程序大纲）注重课堂的教学过程。任务大纲是指利用学生使用语言执行任务编写出的大纲。任务大纲否定了以语言形式为基础设计大纲的思路，要求学生通过使用所学语言完成相应任务，将语言运用在实际生活中，并解决在实践中遇到的问题。

②用外语教其他学科的大纲

这种大纲形式还有另外一个名字，即内容大纲。内容大纲是将学生学习学科内容作为外语学习的主要目的，而将语言视作外语教学的媒介。例如，将外语作为学习数、理、化、生、史、地等各社会科学与自然科学的语言，通过外语这种媒介掌握其他学科知识。内容大纲对于学科内容的传授较为重视，认为在安排学科内容时要循序渐进，并将语言视为学习其他学科内容的工具，使其为学科内容服务。

③自然教学法大纲

在自然情景中习得、掌握外语是自然教学法所追求的教学方式。"自然"是指学生习得、掌握第二语言的环境并非在校园内，而是在自然环境中。自然教学法是吸收了直接法、听说法与交际法三种方法中的优势而形成的。在与这三种方法的融合方面，自然教学法可以和这些方法中的任何一种技巧和谐相处。自然教学法结合了暗示法、咨询法、沉默法、全身反应法等第二语言的习得方法，并将这些方法融合成一种新的教学方法。所以我们可以说，自然教学法是一种将各种教学方法的优势糅合在一起的综合教学法。

由此可见，外语教学大纲存在多种不同的形式。因此，在设计外语教学大纲时，要多方面综合考量，在重视综合运用、培养交际能力的同时，也要重视以语言形式为基础的大纲设计，提升学生运用外语进行日常交际的能力。

第四节　外语课堂教学

一、外语课堂教学的特点

外语教学的组织形式主要包括课堂教学、电视教学、网上教学和课外实践。

由于在大多数情况下，我国通过自然的交往而习得外语的机会很少，外语学习仍主要以课堂为基础。这样课堂教学便成了学生获得可理解性语言输入并进行语言交际训练的重要渠道。作为外语教学的主要组织形式，课堂教学具有以下特点：

（一）实践性

外语是一门实践课，学习外语的目的是使用它。因此，外语课堂教学的中心是学生的外语实践活动。外语课堂是学生充分进行外语交际实践的场合。

（二）多信息

课堂是学生接触外语的主要渠道。外语课堂教学必须保证学生接触到尽量多的外语语言材料，让学生在获得大量可理解性语言输入的基础上接触、运用和归纳语言规则并习得语言。在外语课堂上，教师要尽可能地用外语授课和组织课堂教学，并为学生提供难度相当、内容丰富的听读外语材料。这一过程可以借助录音、语料库、多媒体等辅助教学形式来实现。

（三）精读多练，高密度、快节奏

在外语教学中，教师要注重"练习"在课堂教学中发挥的重要作用，将"练习"作为外语教学的有效手段应用在课堂中。在学生开始进行实践活动后，教师要引导学生扩大选择范围、能够在有利于掌握外语的环境中进行实践活动。在实践教学过程中，教师要善于把控教学节奏，在教学与练习的环节转换方面要紧凑。在学生学习积极性不高时，教师要使用多种方式尽可能提高学生的学习兴趣，提高学生的积极性。在教学过程中，要时刻认识到学生的主体地位，引导学生积极参加外语实践活动。

（四）外语交际的练习场所

在学校中，外语课堂应该是学生使用外语频率最高的地方了，因此，在外语课堂教学中，应尽可能地使学生沉浸在外语环境中。这就要求教师在安排具体的教学内容时，要用具体的内容代替抽象的理论。在对待初学者时，教学内容就更应该简单易懂。组织学生在课堂上有序进行课堂交际，是外语教师的主要教学任务。为使学生体验到使用外语交际的乐趣，提高学生的学习积极性与主动性，教师在选择教学材料时，要选择那些既能让学生从中学到知识又富有趣味性与真实性的教学材料。当学生在学习过程中遇到表达困难或不理解所学知识时，教师要就学生遇到的具体问题及时加以引导，帮助学生走出困境，推动课堂交际顺利进行。与此同时，教师要注意自己在课堂交际中的角色，避免置身事外，要与学生积极互动，缩小彼此之间的距离。

（五）形式多样

形式多样是外语课堂教学的又一特点。在外语课堂教学中，教师要能够积极带动学生的学习情绪，将教师的"教"与学生的"学"相结合，将教师讲理论与学生搞实践相结合，在为学生讲授理论知识的同时注重学生的实际操练与课堂测验，将语言输入、输出的途径进一步拓宽。

（六）优缺点并存

以班级授课为基本形式的外语课堂教学，有许多明显优点：一是有利于发挥教师的主导作用，提高教学工作效率，培养大量人才；二是有利于发挥集体的教育作用，变个别教学为集体教学，使学生能够互相观摩，共同切磋，从而有助于培养学生的组织性、纪律性和集体主义精神；三是有利于实现教学大纲和教材的指导思想和要求，使教学有计划、有步骤地进行。

同时，课堂教学也有明显缺陷：主要按学生的中等水平施教，过分强调整齐划一和集体统一，过于标准化、同步化、集体化，不能适应学生的个别差异。随着传播技术的发展和外语教学法的深入研究，外语课堂教学正不断谋求改革，引入现代教学方法和手段。

二、外语课堂教学的课型介绍

（一）综合课

综合课也叫混合课或综合型新授课。它是新授课与练习课、复习课三种课型（或其中两种课型）的混合。综合课体现外语教学的完整过程，便于进行语音、语法、词汇等方面的有机结合，便于训练综合交际能力，故它是外语课堂教学中最常见的课型。

（二）新授课

新授课是以教授新知识为主要目的的课型，要求完成教学过程的感知和理解两个阶段。从结构上讲，新授课是讲授新知识环节的扩大，它的构成是：组织教学→讲授新知识→巩固新知识→布置家庭作业。

与综合课相比，新授课突出新知识的讲练，其他环节压缩到最低限度，或干脆取消；缺乏综合性练习，新材料的初步巩固只有少量是必要的；新授课的教学准备工作以组织教学为主；新授课的主要教学环节是新知识的讲练。因此，新授课多用于教授难度较大或容量较大的内容。

（三）巩固课

巩固课以练习为主要内容，因此，又被称为巩固练习课。顾名思义，巩固课是在学生将所学的外语知识全部理解的基础上，为检测学生对于知识的掌握程度与应用能力而进行的应用性训练。巩固课也有对教学效果进行反馈的作用。学生在巩固课上可以将学到的知识再复习一遍，达到巩固的目的，在巩固旧知识的基础上，就能更好地对新知识进行学习。

对新材料的复习是巩固课的教学目的。一些较多、较难、较大的语法项目与课文等都是巩固课的主要目标。由于综合课程的时间有限，无法分配较长的课上时间让学生专门进行练习，所以，巩固练习课就这样诞生了。巩固课的目的是保持学生对新知识的记忆。它是使用练习的方式加深学生对新知识的印象，或将新知识在课堂上进行再现，让学生能够对新知识准确再认并运用在实际交际中。由此我们可以看出，巩固课一般不使用辨识性练习的方式，而是采用应用性训练的方式，以此来确认教学效果。

为使巩固课具备阶段复习甚至总复习的性质，教师要做到将每一个教学阶段或每学期的重点教材进行定期的整理，并将整理完毕的教材做系统化的概括，使之达到强化学生记忆的目的，这样才有利于学生掌握外语规则、提高外语实际运用能力。在此基础上，我们可以将巩固课分为以掌握语言规则为目的的复习课与以提高语言运用能力为目的的复习课。这两种复习课类型的不同决定了它们在教学内容的侧重点上也是不尽相同的。前者主要是使学生练习语言知识，而后者则主要侧重学生的实际交际练习。

（四）检查课

检查课（亦称测验课、考查课或考试课）的任务是比较集中地考查学生对某课、某单元、某阶段所学的知识及技能的掌握程度和熟练程度，了解学生的学习水平，以便调整教学要求和进程，更好地进行新的教学活动。此外，考查能使学生看到自己的成绩与不足，明确努力目标。适时的、有意义的检查课能督促学生及时复习，提高学生学习的自觉性。

检查课的第一环节是准备教学。除必要的组织教学活动外，主要是提出检查目的、要求、注意事项等，让学生做好考查的思想准备。

第二环节是布置考查练习，之后由学生独立进行口头或笔头练习。在考查中，教师只是主持和巡视，不作提示或指导。

第三环节是小结讲评。这是及时反馈考查效果和培养学生检验能力的环节。由于练习题多是客观性问题，故可当堂公布答案，规定批改符号，由学生互批，教师同时进行重点问题的分析讲评。为了了解考查情况并督促学生批改，教师在学生互批之后要抽样批阅。抽样批阅可以是针对某些学生的练习，了解他们的进步情况，以利于进行个别指导；也可以是将学生分成若干小组，每次轮流抽取其中一个或几个小组，以便记载平时成绩。为更好地发挥教师抽样批阅的督促和引导作用，上述两种方法宜结合使用。

如果考查结果不理想，教师可适当布置一些补偿性练习，并增设巩固课，以求进一步巩固。

（五）辅导课

在每一学习阶段或每一学期结束前，面临考查或考试之时，教师可适当安排辅导课。辅导课的主要目的是：为学生解疑，指导其做好课外作业；对学习较差的学生和缺课的学生进行具体帮助，必要时给他们补课；培养优秀学生，对他们作个别指导，布置补充性作业，介绍参考读物，以扩大他们的知识面；指导并帮助学生寻求适合自己的学习方式，培养学生的学习能力，养成良好的学习习惯。

辅导的进行方式可分为课上辅导与课下辅导、集体辅导与个别辅导。课上辅导即为辅导课。集体辅导的方式有小组辅导、课堂答疑和课下集体讲解。个别辅导的方式是利用课堂练习或学生自习时间，教师在学生中进行巡视辅导，个别指点；或设立辅导点，重点观察个别学生的作业情况，及时加以指导；或参加学生的各种活动，随时随地为学生解疑。

辅导课与前面几种课堂类型相比，教学结构松散，相应地在教学过程中也就具备较大的自由度。在辅导课中，集体讲解与个别辅导答疑相结合的教学形式是最常见的。在教学过程中，由于学生的水平不同，因此也会存在问题难易程度不一的现象，但无论教师面对简单的问题还是难度较大的问题，都要耐心、详细地为学生解答。对于一些有争议的问题，或许不能立刻就为学生讲述清楚，遇到这种情况时，教师要先给学生讲明情况，之后及时弄明白问题的答案，再为学生解答。教师在答疑时，要根据不同学生的学习情况有针对性地选择答疑方式，力求让每个学生都有收获。对于学习成绩较好、提出的问题有深度的学生来说，可以通过引导的方式让学生自己得出答案；而对于学习较为吃力、进度缓慢的学生来讲，教师的主要任务就是帮助他们巩固基础知识，逐步提升这部分学生的知识水平。

三、外语课堂的教学形式

21世纪是创新的时代，创新的时代需要创新的人才，这种对人才的挑战也给教育界带来了新的思考和变革，外语教学也不例外。因此，在新的时代，新形式的外语课堂教学理论层出不穷，最突出的是由"交际法"发展而来的"任务型语言教学法"。

（一）任务型语言教学法

任务型语言教学法（Task-based Language Teaching）的目的是为了培养学生对外语的运用能力。任务型语言教学培养学生外语运用能力是通过在课堂教学中为学生布置各种生活、学习与工作的真实情景，让学生尽可能地使用外语完成各项任务来实现。这样有利于让学生切身感受课堂教学的目标，更快地提升自身外语运用能力。具体来说，就是将具体的任务作为课堂教学的载体，将完成任务作为学生的学习动力，在课堂教学中结合理论知识与实践技能，通过一系列活动提高外语使用频率，逐渐达到灵活运用所学语言的目的。简单来说，外语就是一门为用而学、在用中学、在学中用、学了就用的实用课程。

在组织进行"任务型语言教学"过程中，要注意以下几点：

1.任务的设计要有兴趣性、真实性

由于学生的兴趣能够在很大程度上影响学生自身的学习效果与教师的教学效果，因此，在设计教学任务时，要充分考虑学生对设计的任务是否具有高涨的学习兴趣。假如一项教学任务的设计脱离了学生的生活实际，学生对这项教学任务就不会产生兴趣，学习积极性下降，也就更谈不上使用外语进行交际活动了。由此可见，教师要根据学生的生活经历设计贴合学生成长环境与能够吸引学生兴趣的教学活动。例如，在日语教学中，在《基础日语Ⅰ》第一课《初次见面》里，教师可创设如下活动：课前布置学生观看相关影视片段，初步掌握与人初次见面时使用的基本寒暄语，课中以小组会话的形式完成介绍自己或他人的任务并进行展示，之后完成生生互评和教师评价总结，课后进行网络拓展学习初次见面礼仪。在整个教学过程中，学生是主角，通过情景对话的形式亲身参与、完成任务，增强兴趣性的同时掌握所学语言。

2. 任务的设计要有层次性

在学生学习的过程中，教师要注重对学生心理特点的把握。一般来说，一项教学任务越容易，那么这项教学任务越会吸引更多的学生。也正是因为教学任务的难度不高，学生就更容易获得成功的体验感。长此以往，学生的学习兴趣就会被激发出来。在设计教学任务时遵循循序渐进的原则，这对于提升学生的学习兴趣是非常有必要的。在最开始设计任务时，要针对大部分学生设计一些简单的、易完成的任务。随着教学逐渐深入、教学难度的逐渐增加，学生也会提升自身对教学任务的了解与掌握程度，在看到难度较高的任务时也就不会觉得难以克服了。

3. 任务的设计要有多样性

人们可以在语言交际中提高心智、培养创造能力。为进一步提升学生对语言的综合运用能力，可以在设计任务型活动时扩大有利于启迪学生思维、激发学生学习热情的活动的比例。教师在为学生布置任务时，可以将课堂上所学课文的相关内容作为参考。例如，让学生发挥想象力与创造力设计出属于自己的名片，开拓思维进而画出自己熟悉场所的周边环境，针对课堂教学中有异议的地方展开辩论，以班级为单位开展外语竞赛等活动都可以在一定程度上提升学生对于学习的积极性，使学生有欲望参与到实践教学中来。

4. 任务的设计还应延伸到课堂之外

为帮助年龄不同、兴趣爱好不同的学生增长外语知识、开拓自身视野、展现自身才能，学校与教师要在课堂教学之余积极开展各项任务型课外活动。在实际的教学实践中，开展外文歌曲、外文书法、外文手抄报与外文戏剧等活动都是非常不错的选择。

（二）外语案例教学法

外语案例教学法是从其他专业的教学领域中借鉴而来的。它首创于美国哈佛大学，普遍应用于工商管理、法律、财经、医学等教学领域，是通过对某一具体情景的描述，引导学生对其进行讨论的一种教学方法。教学案例可以将抽象的原理、概念等转变为具体的教学实例。这种教学方法是将原理与概念放在实际情景中，鼓励学生在案例分析中找到原理与概念在实际生活应用的影子，从而掌握这些原理与概念的应用。这有助于开发学生的学习主动性。外语案例教学法的一个主要特点就是培养学生的思考能力，通过收集资料、分析资料、推理、归纳、综合等练习以促进学生的外语语言能力，适合应用于精读课文的教学。这一阶段的教学在解决了词汇、语言结构等表层问题之后，更应对课文的思想内容、作者的态度和情感、课文的社会意义等深层问题进行深刻的剖析和透彻的理解。而这一环节完全可以采用案例教学的模式，把课文视为一个活生生的案例，将学生置于一个有争论、有思索、有问题、有启迪的案例之中，学生会不由自主地对其进行分析、推理、归纳、解答乃至辩论。

例如，《新经典日本语基础教程》第二册第一课《寒假》是围绕"小张的目标"展开的。小张是大学四年级学生，即将毕业，因此他意识到要对未来有一个清晰的规划，他的理想是做一名教师。他认为光阴似箭，因此要珍惜眼下的时光，刻苦努力。以此为例让学生用日语谈论自己的理想，从而引导学生树立正确的人生观、价值观、世界观，使学生思考大学阶段该如何刻苦努力、提升自我，培养学生服务社会、服务国家的责任担当意识。

课堂行为可以通过教师的案例教学转变为社会行为。在案例教学中，教师可以从语言教学出发，逐渐升华课堂主题，让学生参与关于人生观、道德观和对社会责任感的讨论中，这也在潜移默化中对学生的语言运用能力进行了培养。

外语课堂教学的形式随着时代的进步不断发展。对于外语课堂教学，学界不断有新方法与新观点提出，而这些新的方法与观点也在不断适应着现代社会对外语人才的需要。

第二章 不同教学原理下的外语学习

我国外语学习者群体庞杂，在个体因素、学习条件、教学资源、语用环境等方面存在显著差异，加之受文化传统和思维习惯的天然影响，很难有一种标准化或"万能的方法"适用于所有的外语学习者。本章就介绍了不同教学原理下的外语学习，包括行为主义心理学、认知主义心理学、二语习得理论和结构主义语言学原理下的外语学习。

第一节 行为主义心理学下的外语学习

外语学习是一个极其复杂的过程，受学习者自身与外在因素的影响很大。对外语学习本质、路径、方法的研究，不同的研究者有不同的认识。从学科属性讲，许多学科都直接或间接影响着外语学习的过程，有些已经发展成为交叉学科，如心理语言学是心理学与语言学的交叉领域，神经语言学是从脑科学视角研究语言的规律与机制，等等。在所有学科里面，心理学、哲学、语言学等学科可能是影响外语学习最深远、最广泛的学科。心理学是研究人类心理现象及其影响下的认知和行为活动的科学，涉及知觉、认知、情绪、思维、人格、行为习惯、人际关系、社会关系等诸多领域，也与家庭、教育、社会等有着天然的关联。对外语学习而言，人类对语言的起源、本质特点、内在规律、发展过程等本体现象的认知，会在很大程度上决定外语学习的方法论基础。换句话说，教学行为一定受制于教学观念及其长时间发展形成的教学信念，而观念源于对教学本质和语言本体的认识，可谓本体论决定方法论，相信什么就会做什么。例如，如果教师认为"外语是教会的"，那么他一定会想尽一切方法系统地灌输外语知识，整个课堂会以教师讲解为主；如果教师认为"外语是学会的"，那么他一定会采取"以学生为中心"的教学活动；如果教师认为"外语是背会的"，那么他一定会强调背诵和记忆；

如果教师认为"外语是练会的",那么他一定会强化练习的作用。这些行为活动的背后都隐含着个体对特定现象的思维认知,也就是心理活动。

由于心理学学科纷繁交错,涉及甚多,以作者的学识,暂时无法事无巨细地为读者做出分析,因此,本书只从共时角度为读者阐述心理学的学派对外语学习的影响。在这里,作者使用了批判性的思维。作者在本书中分析学派对外语学习所产生的影响原因有二:一是将外语学习的形成规律、机制与原理告知外语学习者,使外语学习者能对自己的外语学习有一个客观的认识,最大程度挖掘自身对于外语学习的潜能,寻找适合自己的外语学习方法与学习策略,逐步提高自己的外语水平。二是对一线外语教师提出了自己的期待,希望外语教师可以从外语学习中得到关于外语教学的启迪,学以致教,学而促教,在了解外语学习原理的形成过程、规律与源流的基础上,对外语教学的本质、原理与原则进行分析考察,在熟知我国外语教学的曲折发展史后,形成自己对外语教育的价值取向,并研究适合各种学生的外语教学方法与路径。在提升外语教学质量的过程中,一定要不断地寻找符合中国当前国情与学情特点的外语教学方法。

一、核心概念的界定

(一)母语、二语、外语

母语指一个人最初学会的一种语言,一般情况下是指本民族的标准语或某一种方言。有些语言是从另一种语言演变出来的,那个共同的来源就是这些语言的母语。

如果我们将母语称为第一语言,那么同理,第二语言就是除了母语以外的区别于第三语言、第四语言等的其他语言,简称二语。在时代的发展中,我们可以发现二语学习与母语学习的关系极为密切。母语学习对于二语学习来说,是二语学习的源头,并在一定程度上影响着个体第二语言的形成。这是因为母语学习与二语学习之间的学习机制、原理存在一定的共同点。但对于母语学习与二语学习的相似程度问题,有关学者还在做进一步的研究。

外语是一个与母语相对的概念,是指母语之外的外国语言。在我国,中文就是母语,而英语是最主要的外语,还存在一些如日语、法语、俄语等第二外语。

(二)"习得"与"学习"的区别

根据克拉申习得—学习假说（The Acquisition Learning Hypothesis），"习得"是潜意识过程，是注重意义的自然交际的结果；"学习"是有意识过程，通过课堂教师讲授并辅之有意识的练习、记忆等活动，达到对所学语言的了解和对其语法概念的掌握。"习得"是学习者在自然环境中潜移默化的过程，这个过程不需要教师系统地教学；"学习"发生在课堂上，学习者在教师的帮助下有意识完成学习任务。

由此我们可以得知，无论是母语还是二语，都是通过习得方式掌握的。学习者对于母语与二语的学习都是通过自然语境在无意识的情况下习得的，而不是通过教师在课堂上教授的方式习得的，即母语与二语的习得机制相同。在中国，我们可以发现这样一个现象：还未进入小学的儿童能够通过在母语环境中受到父母等周围母语使用者的耳濡目染，表述出符合汉语语式结构的、较为规范的句子。甚至还有研究佐证了这一现象：中国6岁前儿童的汉语表达水平已经接近本国成年人汉语口语水平的80%。虽然对于儿童汉语口语水平的研究并没有揭示这一现象背后的本质，但我们还是惊叹于语言环境对人类语言系统形成所发挥的强大影响力。如印度狼孩这个发生在实际生活中鲜活的案例，提醒人们自然环境对人类的思维与语言意识的同化作用。但外语学习与母语、第二语言的习得不同，外语学习必须要在教师有意识的指导下依赖课堂载体进行正式且系统的学习。现阶段，我们将习得作为一种非正式的学习过程，而学习则是一种正式的学习过程，二者的机制完全不同。

因此，从语言学习行为发生的环境、共同参与学习行为的对象以及学习者的主体能动性等方面看，"学习"与"习得"是完全不同的两种语言学习路径。但也有许多学者对此持有不同的观点：埃利斯认为，习得也要通过大量的语言接触完成，与"通过有意识的学习完成"类似，有时候就没必要区别"二语到底是习得还是学习"；国内外语教学研究中也不过多区分"习得"和"学习"，甚至常常混用，把二语习得理论当作理论基础，用于指导外语教学实践。二语习得和二语学习到底是不同的过程还是相同的过程，本身就是元理论研究的重要领域，也是需要长期且进一步探索的课题，并无定论。一方面，无论母语、二语，还是外语，均属语言学科，其学习机制、原理肯定有一定的相通性，可以互鉴；另一方面，意识是复杂的系统，具有不可视性，涉及心理学、脑科学等多个复杂的领域。如婴幼儿在母语习得时，爸爸、妈妈、爷爷、奶奶等身边的人也会通过机械反复的操练有意识地训练其语言规则。再比如，成功的外语学习者在没有教师提醒时也会进行潜意识的学习。在小组讨论时，他们会发现同伴不同的表达方式，然后通过查阅资料、倾听交流等有意识的学习方式进行自我对比、修正、调整，形成一致的表述。学习过程中的许多行为很难用"有意识"或"无意识"去甄别，有时两种意识可能交错杂糅，有时两种意识可能递归转换。

（三）研究启示

第一，如果能研究清楚母语习得的机制并运用于外语学习，外语学习会更有效。

第二，如果说语言环境、教师的作用是二语习得、外语学习区别的关键性因素，那么外语学习的机制原理一定不完全与二语习得相同。遗憾的是，我国外语教学理论主要借鉴二语习得理论，缺乏针对中国国情、中国特色的外语教学路径研究，对"中国人学习外语有什么规律""在缺乏目的语环境下，如何开展外语教学""怎样利用现有师资条件有效开展外语教学"等问题缺乏深刻、系统的理论研究。理论研究滞后是制约外语教学水平提高的主要原因之一。另外，理论研究与实践探索脱节也是导致外语教学"费时低效"的一个主要原因。一方面，理论研究者与一线教师融合不够，研究成果束之高阁，一线教师也因为应试教育的影响尝试新教学方法的热情大减，"穿新鞋、走老路"，教学方法陈旧，忽视外语综合运用能力培养等。另一方面，一线教师由于缺乏理论基础，难以从课堂探索经验中总结生成外语教学理论，好的教学经验做法得不到推广。一些教师对外语教学规律、课程改革理念缺乏系统、全面的掌握理解，断章取义，导致实际教学变形走样，甚至有人抵触、否定外语教学改革，凭经验、凭直觉施教。

第三，外语语言的使用功能不同导致教与学方法的迥异。外语在国外的作用与中文在国内的作用是一样的。首先，外语是外国人的母语；其次，外语在国外是一种日常生活的交流工具，外国人通过外语来认识世界、学习其他学科知识。外语作为外国人的母语，学习者同中国儿童一样，在进入学校接受系统教育前就已经习得、掌握了外语，并在日常运用中将外语的运用能力不断深化。外语在我国的功能主要是获取与交换信息。因此，学习者只有在进入学校后才进行较为系统化的学习。具体来说，知识与能力是构成外语学习的两大方面，二者相互交叉，如车之两轮、鸟之两翼，不可偏废。在外语学习的过程中，对语音、语法与词汇等理论知识过于重视会在一定程度上阻碍听、说、读、写等外语交际能力的发展，不利于学生使用外语进行交流。在传统的外语课堂教学模式中，"以教师为中心"就是注重理论知识教授的最典型例证。但这也不是说要忽略外语知识的学习，外语理论知识掌握不扎实，同样也会对外语运用造成不良影响。例如，在以结构主义理论为基础的外语课堂教学方法中，要求学习者在对一项内容反复练习后掌握其中的句型结构，通过这些已经掌握的句型结构变换出更多的句子，并将这些变换后的句子应用在实际的交流过程中。但由于结构主义对学习者词汇的学习并不十分重视，就会导致学习者在学习的过程中出现不知如何表达的问题。在阻碍学习者外语能力发展的众多因素中，对外语理论知识重视不够也是其中之一。英国 Ellis 教学模式与 Willis 教学模式是任务型教学法中课堂教学模式的雏形。这两种教学模式均产生于将英语作为母语或二语的课堂环境中，培养学习者对于已经习得语言的运用能力是这两种教学模式的主要目的。但若一个外语课堂缺乏对外语理论知识的传授，则这两种教学模式大概率不能应用其中。要注意每种教学方法在外语课堂教学中的使用频率与方式，过度使用既无法保证学习者完成交际任务，也无法保证学生实际的交际效果。

借鉴母语习得和二语习得的理论与实践研究成果，如何把语言知识转化为语言能力是语言学习的本源与指归。无论二语习得还是外语学习，都应遵循语言学习的这个基本规律，这也是我国外语教学理论研究者、一线教师长期研究的问题，但似乎难以兼顾，往往顾此失彼。工具性是外语的基本属性，"做中学、用中学"是外语学习的基本特征。"做"和"用"的前提是能用外语做事，做生活中的事，这样置身于生活化的真实情境中，我们才能用外语交际。我国缺乏目的语环境，这就导致课堂成为外语学习和使用的主阵地。外语课堂必须涵盖为达成预设的教学目标而设计的一系列教学活动，既包括交际性活动，也包括非交际性活动。因活动的真实性、任务的交际性以及场景的生活化都难以在课堂中呈现，所以如何培养学习者的外语真实交际能力，一直是困扰一线教师的难题。尊重语言学习的特点、规律，结合我国国情、学情，从教学大纲、教学方法、教材编写、评价标准等宏观层面研究具有中国特色的外语教学路径、策略，再从中观的层面进行整体设计、一体化推动外语教学改革，后从微观层面研究课堂教学模式、分学段推进，可能是改变外语教学现状、提升外语教学质量的有效做法与步骤。任何盲目跟风，追求"教学范式转变"，无视规律、缺乏学理的创新和"只见树木不见森林"的复制，都会致使外语教学走弯路。

二、行为主义语言学习观

在行为主义心理学学派的影响下，行为主义语言学习观（Behaviourist Views of Language Learning）逐渐形成。行为主义心理学是20世纪30年代至70年代心理学的第一个流派。行为主义心理学对语言教学尤其是我国的外语学习与教学产生了深远影响。行为主义心理学领域曾经做过三个著名的实验，这对行为主义语言学习观理论的形成有着积极作用。

在研究外语语言文化时，被应用得最广泛的方法就是从实验中归纳、总结规律。与外语语言文化相比，汉语的语言文化对思辨式研究更为重视，坚持人的认识必然是从感性向理性转变的。英语语言文化对于知识本源的认识具有多元化与交叉性特征，能够从不同的学科方向对知识的本源进行了解。在汉语文化与外语文化中，英语语言属于线性思维，注重客观事实，而汉语语言注重螺旋思维，看重主观感受。我们在学习不同文化时要认识到文化本身不存在孰优孰劣，它只是不同民族在发展过程中形成的本体论与认识论的基础，也是对客观事物"存在样式"的认知方法论基础。

"把外语语言作为外语教学"的认识可能会为外语学习实践提供一种截然不同的认知视角。如果把外语课程看成知识课，就会重点探究知识的内在联系与规律，教学方法则以讲解为主，力求全面系统，学精学透；如果把外语课程视为"学会骑自行车"一样的技能，就会强调反复训练的重要性，熟能生巧，精讲多练；如果把外语当作一种社会规约，约定俗成，语言的使用则更重要。这三种观点是互为关联的有机组合，融为一体。外语是知识、技能和社会规约的统一体，如果只取其一，就会失之片面，失之偏颇。我国外语教学的曲折发展历程恰好印证了不同时期人们对外语本体论、方法论的不同认识与理解。外语教学经历了从重知识、重技能到综合运用的转折与切换。基于核心素养的基础外语课程改革，"不分文理、文理兼修"的新高考改革设计，其中多学科交叉、融合研究知识系统集成规律的趋向，无疑折射了对外语学科属性的全面认知。工具性与人文性相统一的外语课程发展必将对"全人教育"理念产生促进作用，有利于培养德智体美劳全面发展的人才。

（一）行为主义心理学三个著名的实验

1. 桑代克的饿猫取食实验

美国心理学家桑代克（Thorndike，1874—1949）是动物心理学的开创者，同时还是心理学联结主义的建立者与教育心理学体系的创始人，在心理学领域提出了一系列学习定律，如练习律、效果律等。

桑代克在19世纪末开始做研究动物学习的实验，其中饿猫学习如何逃出迷笼获得食物的实验是他最著名的一项实验。如图2-1-1所示，饿猫被桑代克关在迷笼中，其获取食物的方式就是通过抓迷笼内的绳索、按按钮及拉动拉环三种方法逃出迷笼。饿猫在第一次被桑代克关进迷笼时，内心十分恐惧不安，出于动物的天性在笼中躁动不止。在笼中困了一段时间后，它无意中将笼门打开，顺利逃出。而后，桑代克又重新将其关入笼内进行反复的实验，并观察每次实验饿猫打开笼门所用的方法。如图2-1-2所示，这是桑代克在进行多次实验后得出的饿猫的学习曲线。从中我们可以看出，在饿猫实验中，饿猫打开迷笼的时间随着实验次数的增多而减少。

图 2-1-1 桑代克的迷笼实验装置

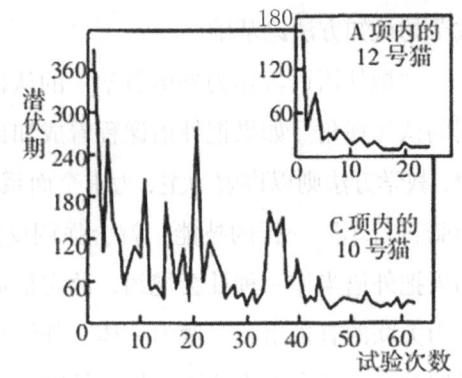

图 2-1-2 桑代克实验中猫的学习曲线

实验表明，饿猫在笼中逐渐减少了乱闯乱撞，成功打开笼门的动作被牢记，所以多次尝试以后，饿猫一进笼，就会以一种确定的方式去碰触按钮、抓绳、拉环并顺利逃出笼外，获取食物。桑代克在不断的实验中产生了一种观点，即饿猫的学习方式是"尝试错误"。饿猫通过自己反复的错误尝试，最终学会了如何打开笼门获取食物。饿猫实验为情境刺激与行为反应提供了联结的桥梁，后人将桑代克的这种观点称为"尝试错误说"，又叫"试误说"。

经过一系列的实验，桑代克提出了准备律、练习律与效果律三条学习定律。

（1）准备律是学习者在学习开始时的预备定势。个体内部心理状况与外部情境决定了准备律的反应程度。个体对外部情境反应所需的素养与能力构成了个体的心理准备。学习是一种积极活动，学习者在学习的过程中对知识应有所需要，能够提起对知识的兴趣与继续学习的欲望（正如实验中，因饥饿感获取食物是饿猫的本能需求与反应）。兴趣、需要、欲望是个体积极参与活动的动因。

（2）练习律是由多次"尝试错误与偶然成功"形成的联结。强化刺激与反应的感应结就是练习律的实质。在某个情境中，个体反应的使用频率越高，联结情境的能力就越强。相应地，若个体反应处于长期搁置状态，那么这种联结的能力就会降低。

桑代克认为应对反应结果给予肯定，如个体做出反应时应及时奖赏，这会比单纯让个体进行重复练习的效果更加理想，因为奖赏的加入为个体提供了动力。

（3）在个体做出成功动作并产生满意效果后，就能将这个成功动作印入机体的强化联结，这就是效果律。桑代克认为，个体学习的效果由个体对反应结果的感受决定。具体来说，要想增强联结能力，个体就要针对某种情境做出的反应形成可变联结之后感到满足；反之，若产生了厌烦情绪，那么这种联结的形成效果就会大打折扣。桑代克发现，在满足情绪中产生的学习动机会比在厌烦情绪中产生的学习动机更加明确。也正是这个原因，桑代克将效果律做了更改，重奖赏、轻惩罚。

2. 巴甫洛夫的条件反射实验

巴甫洛夫（Pavlov，1849—1936），苏联生理学家，在条件反射研究方面久负盛名，提出了经典的"条件反射理论"。鉴于他对心理学领域的重大贡献，以及对行为主义学派的重大影响，巴甫洛夫被视为行为主义学派的先驱。

巴甫洛夫观察到，他在给狗喂食或仅仅只是让狗看到食物的时候，狗就会流口水，因此，他以后在给狗喂食前，都会通过摇铃、吹口哨儿、使用节拍器、敲击音叉或开灯等方式提醒狗"有食物"这一事实。在进行了无数次的尝试后，他发现，狗在接受重复训练之后，只要听到摇铃的声音就会流口水。流口水的关键在于有没有声音，而并不是有没有食物。也就是说，狗在没有食物的情况下听到摇铃声也会流口水。在巴甫洛夫的实验中，狗被安置在一间隔音效果较好的实验室内。在实验室里，巴甫洛夫首先让狗听到铃声，响铃半分钟后再将食物递给狗，这样，狗的唾液就会被刺激出来。反复几次之后，去掉给予食物这一条件，就会发现狗的唾液仅仅通过摇铃声就能刺激出来。在这个条件反射实验中，刚开始食物作为狗的唾液分泌诱发因素，因此，我们将食物称为"无条件刺激"，将引起狗出现唾液分泌的反应称为"无条件反应"。在那时，由于铃声并不能引起狗的唾液分泌，因此，铃声在实验的前期被称为"中性刺激"。随着实验次数的增多，铃声与食物共同出现的次数也越来越多。在这时，我们可以认为这个实验从量变达到了质变，即在单独摇铃、不出现食物的情况下，狗也会分泌出唾液，那么，此时的铃声具备了诱发狗产生唾液分泌反应的条件，从"中性刺激"转化成了"条件刺激"，分泌唾液也从一种"无条件反应"转变为"条件反应"。

3. 斯金纳的白鼠试验

新行为主义学习理论的创始人是美国著名的心理学家斯金纳（Skinner，1904—1990）。他也是操作条件反射理论的奠基者。斯金纳在心理学研究方面的成就卓著，他在心理学领域将巴甫洛夫与桑代克的研究做了进一步的发展，将操作性条件反射的规律呈现在大众的视野中，提出学习强化论（reinforcement theory）。

实验中，斯金纳运用了一种特殊的实验装置——迷箱（后被称为"斯金纳箱"）。斯金纳在这个迷箱中放置了一个杠杆，杠杆上面是用来盛放食物的盘子，只要箱子内的白鼠对杠杆进行按压操作，就会得到食物。饥饿的白鼠被斯金纳锁在箱内。白鼠在箱子中疯狂跑动，无意间触碰到了杠杆，食物滚落，白鼠得以果腹。由于之后白鼠每次按压杠杆都可以得到食物奖励，因此，白鼠在箱内按压杠杆的频率越来越高。

斯金纳的白鼠实验是为了探寻刺激与反应的关系，而并不是为大众展现大脑皮层的活动规律。有机体的反应与刺激对行为起着控制作用，并影响反应发生的概率，这是斯金纳通过实验得出的观点。斯金纳将能够增强反应概率且出现在反应之后的手段和措施称作强化。操作性条件反射的基本过程是指，如果出现了伴随强化刺激的自发反应，那么就会增加这个操作的概率；但操作形成后未伴随强化刺激，这种操作的概率就会大大降低，甚至完全消失。

（二）实验的启示与讨论

行为主义心理学的三个著名实验都是动物实验，而人是高级动物，具有动物性，那么动物学会获取食物的过程对人类学习的过程，尤其是对外语语言学习的过程有怎样的启示？本书希望通过类比、归纳、比较、分析，能从动物实验中推演人类学习的过程演进，帮助我们宏观地认识语言学习，尤其是外语学习与动物实验之间的异同，运用行为主义心理学实验的机制、原理，阐释行为主义语言学习观的内涵。

1. 需要和兴趣是主动学习的原发动力

在上述三个实验中，动物学会获取食物是出于生存的本能需要，人作为高级动物，在自然和社会环境中也有生存与发展的需要。如果说生存是人类的基本需要，是一种本能，那么发展是为了能更好生存的更高层次的需要。根据马斯洛的观点，生理需求、安全需求、社会需求、尊重需求和自我实现需求是人类依次由较低层次到较高层次排列的五大需求，其中生理需求是最底层、最基本的需要，如果吃不饱，其他层级的需求也不会出现。人类在生理需求、安全需求等得到满足后，就会追求获得尊重和自我实现，甚至自我超越。只不过在实现更高层次需求的过程中，出于个体内部因素和外部因素的多重制约，需求实现的程度可能不一，实现需求的途径不一，需求呈现的样式也不同。一般来说，学习是基本的、普遍适用的、能够达成需求目标的主要途径之一。另外，在满足基本的生理需求、安全需求后，人的发展受制于知识、情感和意志。这三者互为关联、互相影响。学习获得知识的过程一定与情感因素和意志程度正相关，积极的情感能促进知识的摄入，消极的情感则会抑制知识的理解与消化，甚至消退学习知识的动力。学校教育中的厌学、弃学现象成因很复杂，但无论是何种情形，情感和意志因素一定在个体学习的过程中发挥了极大的消极作用。概而言之，动物和人一样，都有学习的本能追求。动物学习是为了更快、更容易地获取更多的食物，满足填饱肚子的基本生存需要；人类学习是在满足食物需要的基础上，为了追求生存与发展的更高层次需要，获得群体尊重和社会认可，实现自我完善和自我发展的价值追求。

外语学习的本源性问题是人们为什么要学习外语、学习外语是为了干什么以及外语对国家建设与个人价值实现发挥着怎样的作用。这些问题是国家设置外语课程、制定外语教育政策的根本依据。解决好这个问题，有利于更好地展开外语教学研究与实践。第二次鸦片战争之后，清政府在与外国列强交涉的过程中需要使用外语，因此，在19世纪60年代开办了京师同文馆，进行外语教学。自此之后，上海等较为发达的城市率先开办了英语培训班与夜校，并向全社会展开招生工作，满足了当时的社会需要，将英语变为一种大众化的课程。

严格地说，任何形式的学习都是以需要为前提。集体的或个体的需要是学习行为发生、维持和发展的理性化的原发动力，也是评价学习行为是否有效的逻辑依据。外语教育政策规划、课程设置、教学大纲研制、教学方法和评价方式选择等事关外语教育的方方面面也应以需要作为基础和参照。

从桑代克、巴甫洛夫、斯金纳的实验中，我们不难看出，对食物的需要以及求生的欲望是驱使动物反复尝试的根本动因，以此类推，如果外语学习不影响人的生活本能，学习外语是否还有必要？曾经流行的"外语无用论"以及"走上社会后外语就不重要了"等观点大概由此产生。社会对外语的需求是多种多样的，在我国，外语学习的目的大体可以分为三大类：第一类，外语是交流和学习其他知识的工具；第二类，外语是个体智力发展、培养、自我完善过程的一部分；第三类，外语是个体达到某种短期目的，如升学、求职的通行证。第一、第二类外语学习目的满足国家和社会对外语的认识和需要，也就是我们现在常说的外语的工具性和人文性两个基本属性。

2. 外语学习是尝试"错中学"的过程

我们可以从上述的实验中得知，如若饿猫不在笼中乱跑乱撞，也不做出抓取绳索、按按钮、拉动拉环等一系列动作，而只是规规矩矩地待在笼中，饿猫就会有与获得食物相反的结果。同样，在斯金纳的白鼠实验中，若不是白鼠反复按压杠杆，它也不会获得食物。因此我们可以从实验中得到一些关于外语教学的启示，即外语学习也是通过学习者的反复尝试、最终获取知识的过程。学习者在长时间的学习过程中，会逐渐掌握外语学习的窍门，并逐渐提升自身的外语水平。

我们可以从实验中借鉴一些经验用于外语学习。在饿猫实验与白鼠实验中，饿猫与白鼠重复一项操作是为了得到食物，而学习外语是个人在社会上立足、建设祖国的需要。动机对个体来说，具有非常重要的促进作用。在这两个实验中，饿猫和白鼠都是通过无数次错误尝试，最终成功地获取了食物，并经过数次的巩固越来越熟练，可以看出，这个过程就是从无意识的重复到有意识的强化的过程。那么我们可以推断，外语学习者也会在学习的过程中不断更正自己的错误，最终产生正确且越来越熟练的学习成果。

3. 奖励促进强化，惩罚抑制强化

20世纪初，巴甫洛夫通过"不断地摇铃发出声音，狗养成分泌唾液的习惯"的实验，发现通过重复性的反射作用可使动物形成某种习惯并长期固化，得出了"经典条件反射理论"（classic conditioning）。之后，越来越多的学者类推，儿童学习语言也是对周围条件的正确反应而形成说话习惯。这一判断一直作为解释儿童语言学习过程的理据。直到20世纪30年代，斯金纳在继承"条件反射理论"的基础上，提出了自己的观点。他认为语言学习不是一种思维现象，而是一种行为，这种行为需要学习过程中条件的不断反射作用，进而形成习惯，然后固化，而这种固化的重要形式就是积极强化。强化理论研究对外语学习有很大的启示。

首先，奖励能促进强化。巴甫洛夫的实验证明，声音是动物分泌唾液的刺激源，分泌唾液是动物本能的生理反应。就外语学习而言，重复的学习行为会逐渐形成学生的学习习惯，但是否能生成强烈的学习欲望或者形成主动学习的动机，学生是否有兴趣主动固化这种重复性学习行为，而不会在机械的重复行为中产生厌烦，进而弱化其持续的学习行为，需要进一步的探讨。斯金纳的实验把食物作为固化重复行为的奖赏，重复就会获得食物，动物一旦通过某个行为获得食物奖励就会强化其反复的行为。没有食物的奖励，动物也不可能形成重复的习惯。

实验中，斯金纳还发现了"定时强化"（定时的刺激能帮助动物记住之前已经形成的习惯性行为）和"逐渐强化"（强化是一个循序渐进的过程）两个重要的行为强化规律。定时强化的规律及方法对外语语言习惯的养成和固化至关重要。一方面，教师要根据学生的反应及时调整刺激的方式，以便把正确刺激下的积极反应最大化，达到外语学习事半功倍的效果；另一方面，教师也要根据学生"语言习惯成自然"的规律，科学设计复习巩固的时间间隔，通过科学的强化尽量减少外语学习错误。外语学习习惯的强化与固化也需要奖励的刺激，奖励的形式不光是物质上的奖励，也包括口头上的表扬以及学生完成任务时获得的自我成就感。奖励的形式与学生的年龄、心理渴望及任务自身的难度有关，如作业本上的"小红花"或奖励性评语对小学生的刺激作用明显，但对高中生未必有作用。如果奖励太多，或者学生容易完成的任务也能轻易获得奖励，奖励就未必见效。因此，教师的表扬性语言一定要丰富且因事而异，一味使用"非常棒"的激励的效果有时会大打折扣，甚至会起反作用。

其次，惩罚会抑制强化，对教与学无益。只靠惩罚无法将不良的学习习惯彻底消除，但一些不必要的反应可以通过温和性的惩罚来抑制。教师可以通过温和地指出学生的贪玩、作业不认真等消极行为来达到培养学生良好学习习惯的目的。这比讥讽、嘲笑和辱骂更有效果。在学生形成不良的学习习惯之前，教师就要对学生在学习过程中出现的一些错误行为予以纠正，并强化正确的学习习惯。在外语教学过程中，教师的积极引导对学生的学习也有非常明显的强化作用。例如，如果教师用呵斥的方式对待在课堂上沉默寡言、不积极参与课堂互动的学生，并为其讲述语言表达对外语学习的重要性，学生非但不能在以后的学习中积极地表达自己，反而可能会更加沉默。教师应该在分组练习时将不爱说话的学生与活泼好动的学生分为一组，在活泼学生的带领下，使小组任务完成得更加出色。这不仅有利于改善学生的学习习惯，还有可能影响学生的性格。

最后，"刺激"与"反应"是一个互动的实践过程，依靠外界的不间断刺激，个体在反复模仿中形成习惯，并通过奖赏固化这种行为习惯，最终学得。斯金纳的强化论认为，强化就是不断地重复，如在外语教学中，教师领读、师生分角色朗读、学生朗读、学生与学生分角色朗读等都是重复学习，都能强化语言表达习惯。这种重复学习行为的最大特点是机械性，所以同时会滋生单调、枯燥、乏味等消极的情感态度。斯金纳的试误说强调，外语学习是学习者不断尝试犯错的过程，错误是学习的必经过程，错误就是学习，需要不间断纠正、巩固，才能形成正确的语言习惯。总而言之，行为主义语言学习观是在行为主义心理学实验的基础上形成的对语言学习的一般认识。从动物实验推演人类学习的机制原理未免简单，也未必能发现语言学习的本来规律，但行为主义语言学习观主张外语学习是学习者大胆尝试、反复模仿、形成一定语言习惯的过程，并在教师等外在力量持续的刺激反射作用下，不断强化这种语言习惯，最终固定成永久性的表达方式，需要时即能输出的观点对语言教学理论与实践产生了深远的影响，在我国外语教育史上占有重要的地位，也发挥了重要作用。直至今天，"死记硬背"仍然是许多学习者津津乐道的外语学习方法。

第二节　认知主义心理学下的外语学习

认知主义心理学在 20 世纪 70 年代成为心理学的主要流派，与之相对的，行为主义语言学习观逐渐没落。认知理论从那时就已经在语言学习领域中占据了非常重要的地位。"学习是一种外在行为"这种行为主义式的论断被认知学派所抛弃。认知学派认为，学习是学习者内在的一种心理活动，通过思维活动表现出来，与外界因素并没有直接的关系。认知学派曾经还尝试站在心理语言学的角度为人们解释语言结构是如何通过学习者的大脑进行传输的。在心理学界，认知理论的基本观点可以归结为以下三点：

（1）认知理论对于"知晓"的重视程度比"反应"更高，而在语言习得的心理过程与刺激—反应两者中，则更重视对前者的研究。

（2）认知理论的观点认为，人类的知识是一个完整的系统，在人们学习到新知识时，新知识就自动被系统吸收了，这就是"心理结构"在其中发挥的作用。

（3）认知理论认为，学习者在学习的过程中并不是一个只会从外界接受刺激的被动接受者的角色，而是一个可以有意识地、主动进行学习活动的主体。

显然，认知学派与行为主义学派立场对立。认知学派从动态的心理视角考察了个体学习知识的过程，肯定了学习者的主体作用，认为学习者是具有思维能力的独立认知个体，并不完全受外界的刺激控制，这是人类对学习认识的一大进步。如果我们理解并接受认知学派"语言是心理现象"的主张，承认语言是由规则组成这一事实，那么就会出现一些重要的命题：规则是从哪里来的？为什么有那么多的规则存在？所以，认知学派内部很快就出现了分化，争论的焦点主要表现在对"语言习得过程"，即"如何获得语言规则"的理解上。认知学派也相继衍生了许多基于学习研究的理论学说。

一、乔姆斯基的普遍语法假说

乔姆斯基（Chomsky）是美国著名的语言学家，转换生成语法的创始人，被誉为 20 世纪最有影响的语言学家之一。

1959 年，乔姆斯基在批判斯金纳的行为主义理论的基础上，提出了普遍语法理论（Universal Grammar）。他认为，每个人大脑中先天嵌置着语言习得机制，所有语言的深层结构具有共性特征，个体可以借助这一先天语言机制对外界的输入进行创造性加工，内化为有限的抽象规则，最终依据这些规则生成无数语法规范的句子。乔姆斯基是典型的完全先天论者。他相信，语言的习得取决于人生来具有的语言习得装置。然而，人真的生下来就附带这种语言习得装置吗？至今没有人能验证也无法验证这个大胆的假设。乔姆斯基的假设在备受质疑的同时，又被学术界悄悄引用解释母语习得或二语习得现象：在缺乏系统教学的情况下，母语或二语之所以能被自然地习得，就是因为学习者生来具有语言习得装置。

20 世纪 60 年代，在乔姆斯基理论的直接影响下，学者们开始研究储存在大脑内的二语知识体系和习得二语知识的过程。对二语知识体系的研究主要从静态的角度描述储存在个体大脑中的二语知识体系特征及其变化情况。而二语的习得过程与母语习得有极大的近似性，尽管句式的表层结构不一，但深层结构或者抽象出来的语法规则相似，学习者只要借助充分的可理解性输入，拥有足够的词汇量，就可以创造无数个合乎语法规范的句子。句子的语法既不受交际场景、交际者差异等因素的制约，也不受学习环境、学习者个体差异的影响，脱离语境的句子成为研究的基本单位，研究中甚至排除了情境因素、文化因素的干扰。

在研究二语知识习得的过程中，动态角度的考察是较为重要的。从动态角度分析二语习得，我们可以得出这样一个结论，即先天的规则系统与后天的共同作用一起对一个人的二语习得产生了影响。在二语习得中，母语的影响、中介语、普遍语法假设、学习者的内在及外在条件、课堂教学都是产生影响的因素。乔姆斯基曾对普遍语法假说展开研究，在他的研究中，对储存在大脑中二语知识特征的描述最为基本。在此基础上，他还对人们怎样习得二语知识、何时习得二语知识以及人们为什么能够习得二语知识展开了研究。为学习者习得并内化于自身的二语知识提供了合理有效的输出路径，探讨了学习者在习得二语知识过程中的动力与导致学习者习得中断、进入僵局的原因。随着对普遍语法假说研究的逐渐深入,模糊不清、无意识的假设被转化成为有意识、条理清晰的教学理论,为学界研究二语习得提供了相对权威的资料。

从哲学角度来说,二元本体论——人与社会相互独立、互不影响是认知学派的一贯观点,因此,我们可以看出,从这个角度出发,对于二语习得的研究存在很大的局限性。在乔姆斯基的研究中,理论层面的假设较多,而对于实践层面的研究相对较少,且这些假设的真实性有待考证,这就导致了其研究并未直接推动外语学习理论的形成,对外语的实践教学也没有起到应有的作用。

二、皮亚杰的图式理论

皮亚杰(Piaget,1896—1980),瑞士著名心理学家,从1927年开始研究儿童的认知过程,取得了杰出的研究成果,并提出了认知发展理论。

受生物学观点的影响,皮亚杰认为先天与后天都会对儿童的认知过程产生影响,个体自身拥有的思维与行为图式,使个体能够对刺激行为做出反应并正确应对这种刺激。图式对于个体对信息的理解也有着较为重要的作用,在个体整理、归纳信息时,可以使其更加有秩序、讲条理。图式是皮亚杰理论中的核心概念,指动作的结构或组织,拥有遗传性与后天滋养而发展完善的双重特质,比如知识图式,既先天存在,又不断被发展丰富。

知识增长与认知结构的完善与发展构成了人的认识发展,这是皮亚杰的观点。人的知识发展水平是以图式的发展水平为依据的。图式发展水平作为认识发展的基础与条件,又不断将认识发展向前推进。同化与顺应是图式发展丰富的两种机制,一般来说,过滤、改变外界的刺激输入就是同化机制。同化是图式发展的量变过程;为顺应认知发展水平,个体对内部图式的改变就是图式发展的质变过程。在认知结构不断向前发展的过程中,同化与顺应两种机制是共同存在、相互对立却又相互联系的。在人的认识成长过程中,同化与顺应是一对关系紧密的要素,认识发展必须要满足同化与顺应共同存在的条件才能不断向前,内部图式与外部事物的同化就构成了认识。在儿童没有接触来自外界的新的刺激时,他们的认知水平较低,并且处于相对平衡的状态。一旦新的刺激进入儿童的认知范围,他们的认知水平就会偏向不平衡的状态。但儿童体内的自我调节机制通过同化与顺应的相互作用,就会使儿童认知上升到新水平,并且重新达到平衡状态。由此可见,同化与顺应对儿童的认知发展发挥了极其重要的作用,儿童的认知发展在整体上是一个平衡—不平衡—平衡的过程。

皮亚杰的图式理论(Schema Theory)对外语学习具有重要的启示作用。

首先,储存在学习者大脑内的图式越多,学习就越容易。就外语学习而言,图式就是学习者已经拥有的外语知识、话题知识以及其他综合性知识的集成,这些知识一方面像乔姆斯基的"普遍语法"一样先天存在,另一方面来自学习者后天的不断积累。个人拥有的图式越多,同化知识的范围就越广泛,新旧知识的内在联系就越密切,学会新知识的可能性也就越大;反之,同化的范围越狭窄,新知识的认知就越困难。

其次,教师的首要职责就是激活学生的已有图式,如复习、预习等常见的教学方法都是激活学生已有且处于"休眠"状态的图式。复习方法的设计越学生化,图式被激活的可能性就越大。另外,学生的情感准备状态也可以被视为图式。如果教学任务越能唤起学生的兴趣和注意,学习新知识的动机就越强。同化是个体把环境成分、新的外界刺激纳入、整合到自己原有图式中去的过程。所以教师呈现新知识一定要围绕学生的已有图式。新的知识图式越靠近原有图式,图式融入、整合的概率越大,同化、学得的效果也就越好,这与维果茨基的"邻近发展区"原则异曲同工。

最后,当学习者遇到不能用原有图式同化的新刺激时,便会对原有的图式加以修改或重建,改变现有的认知图式,形成新的图式,引起认知结构的不断发展变化。结合皮亚杰的图式理论,外语课堂教学中有三个问题需要注意:一是原有图式不足。学习者如果对新的话题知识储备不足,教师要通过人物、事迹的介绍等方式补充背景知识图式,学习者已有图式与教师输入的新图式同化融合得越好,学习就越有效。而两种图式同化的最佳方式取决于教师输入背景图式的方法是否贴近学习者已有的认知图式和经验图式。在外语课堂教学中,输入行为是否有效,很大程度上取决于教师对学习者学情的全面了解、正确评估和科学预测。二是当学习者原有图式有误时,教师要及时用新的图式促使学生修正原有图式,重建新的正确图式,否则,会产生学习效率低下、学习水平停滞等不良后果。三是输入新的知识图式的方式要贴近学生的生理、心理特征及学习实际情况,并充分借助信息技术手段,用学生喜欢的方式图文并茂地呈现,帮助学生改变认知结构，生成新的、更大的图式，扩大图式同化与被同化的范围，促进图式内部顺应、平衡发展。

三、加涅的信息加工理论

加涅（Gagne，1916—2002），美国教育心理学家，早年接受了行为主义心理学的严格训练，在学术生涯后期，将建构主义认知学习心理学的思想加以吸收，形成了信息加工学习理论。该理论强调理论与实践相结合，并对大部分课堂学习进行了解释，其中提出的教学操作步骤也是较为切实可行的。

人脑学习加工知识的过程和规律是加涅信息加工理论研究侧重的方向。大脑接受了分析信息从外部的输入，经过加工处理，直到外显反应产生。加涅的信息加工理论是一个不仅有理论支撑而且有技术操作支持的学习理论，其内容主要强调了以下三点：

（一）学习是学习者摄取信息的一种程序

学习者脑中的刺激信号是外界信息被学习者从环境中接收并转化而来的，它不仅可以被人选择性感知，还可以通过声音或形状以编码程序的形式进入短时记忆。而那些以声音或形状方式储存的信息通过信息编码就可能转化成有语义特征的言语单元或更具综合性的句子和段落的图式，最终被人理解，并在记忆中短时保留。如果想要信息能够被永久储存、使用，就需要信息进入人的长时记忆系统，这是需要学习者不断地复述才能达成的。

毫无疑问，加涅的信息加工模型为人类语言信息的加工提供了认知视角。人拥有语言编码方式，这一点动物同样具备，如狗的叫声有指向功能，蜜蜂使用特殊"舞蹈语言"。但动物用来表达自身语言的方式，或者说编码的方式，与人类大相径庭，动物语言的语义一般人是不明白的。我们需要进一步探究的是人从获取语言信息、大脑加工信息到提取输出语言信息是否被程式化，编码与解码的方式是否遵循同一规律。我们要想弄清楚学习的过程及其规律，就要把信息加工的普遍程序及其机理研究清楚，并在此基础上了解内在、外在对于个体学习的差异性因素，这样就容易把握学习的规律，教师就可以有的放矢地进行指导。

（二）控制和预期是制约课堂教学有效性的决定因素

在信息的流变程式中，学习者自发的控制和积极的预期虽然没有被呈现出来，但它们是与信息流动同步的，参与了信息加工的全部步骤。学习者内部的信息加工机制也直接影响了所有的信息加工阶段。首先，学习者要想高效率地学习，必须对一些刺激作出反应，在心理上提前做好接受刺激的准备。学习者在学习初期，感觉器官应该朝向刺激源。其次，感觉器官中的内容、进入短时记忆的特征和编码方式的选择会受到选择性知觉的直接影响。选择性知觉作为一种特殊因素不仅可以决定学习者概括和解决问题的能力，还可以决定学习者思维质量的高低。最后，学习是一种执行过程，其执行方向是固定的。学习者要想产生连续的学习定式，可以通过了解预期的内容，使选择的每一加工阶段的信息输出都是自己的心所指向的目标，最后完成"头脑中已有目标"的应答。

简而言之，机械性的刺激反应在学习的初始阶段十分必要。学习者需要通过反复训练掌握语言的基本信息，生成能够选择语言编码、解码、输出的能力，不具备这种能力的学习者无法对输入的海量信息进行筛选和加工。学习者几乎不可能对所有外界的信息都进行加工处理，也不可能存储、内化、提取所有的信息。信息加工的选择性取决于学习者对信息的需要以及选择信息的能力。

心理预期设置是学习者克服信息加工困难、完成信息高效持续加工的内生动力，预期过低或者过高都会影响动力的强度与持久度。我们可以肯定的是，信息加工处理的时长因人而异，输入、输出是外在行为，具有可视性，而信息在大脑中的加工过程一般无法观察。所以，在课堂上学生从接收信息到表达信息所用的时间并不一样，如果我们视学习者的外在因素，如教师、教学条件资源等为常量，那么学习者的内在因素一定会影响信息加工的过程，但哪些个体内在因素会影响语言学习，以及其影响的路径、方式和程度都需要进一步研究。

（三）反馈是维系教学的必要手段

教学是一个环形流程，有起点、终点，且相对封闭。教学的起点和终点都指向那些与学习者有着千丝万缕联系的课堂情境。在这样的情境中，被不断反馈、检测的教学效果可以作为一个依据用来提升教学质量，促使教学过程在动态的流程中不断地创新、超越。学生和教师是课堂教学这一互动行为的两个构成主体，维系有效的课堂教学靠的是学生与教师的相互反馈。而从学生角度出发，有效反馈课堂教学效果的手段就是课堂上学生们的参与度、反应度和行为表现等，同样教师也是依据学生的反馈对教学方案执行情况作出判断。教师要细心观察学生的反馈行为，如学生互动交流时流露出的反馈信息、完成任务时反馈出的行为表现，教师在教学设计和教学操作过程中出现的超出预期的问题与不足就会从这些信息中暴露出来。如果后续教师对教学预案及时进行调整，有针对性地开展教学补偿行为，就能使教学效果达到最大化。

课堂师生话语互动模式研究表明，语言课堂由多个 IRF 及其变体组合。IRF 是 initiation（启动）、response（反应）、feedback（反馈）三个英文单词的首字母。从动作行为的执行主体看，语言课堂就是"教师启动—学生反应—教师反馈"的过程。这是一个完整的师生课堂交流对话模型，主要应用在课堂提问和评价环节。教师反馈是外语课堂教学必不可少的环节，如果没有教师的反馈，可能会导致以下情形：一是破坏对话的完整性，也不符合对话的礼貌原则。二是参与互动交流的学生可能由于没有接收到教师的反馈而怀疑自身语言信息的正确性与得体性，其他学生也由于难以获得对交流信息的肯定性或否定性评价而无法完善和丰富自己的认知结构。三是长期无反馈的课堂会影响学生参与活动的积极性与参与度，久而久之，会演化成"无声课堂"。因此，教师对教学效果的反馈在学生的学习过程中发挥着极其重要的指向作用。

四、布鲁纳的认知结构学习理论

布鲁纳是美国的心理学家、教育学家。认知结构学习理论和一系列教学原则都是布鲁纳在认知结构研究的基础上提出的。有机体在知觉与思维方面的认知学习是布鲁纳的研究方向，他认为有机体感知和概括外部世界的一般方式是认知结构。布鲁纳始终认为，学校教育不同于实验室动物研究的应激反应，是主动地帮助学习者用新的知识结构替换掉旧的认知结构，进而使学生能够用新的认知方式来感受周围世界的一种模式。

（一）重视学科基本结构教学

布鲁纳强调，无论教师教的是哪一门科目，基本结构都是学生必须要明白的。

"基本结构"具有"既广泛而又强有力的适用性"。基本概念、原理和规律包含了学科基本结构的内容。皮亚杰的发生认识论对布鲁纳的认知结构教学理论的形成有着巨大的影响。布鲁纳认为事物的同化和顺应及其相互间的平衡能够导致认知结构的形成。而皮亚杰认为认知结构是在外界作用下才形成的,布鲁纳则是对认知结构对外的张力进行反复强调,认为认知结构可以作为一项工具,帮助个体对周围世界加以认识和了解,它可以在不断的使用中进行自我完善。帮助学生掌握学科基础知识是学校教育的主要任务。学生将以此为同化点来完成对知识结构的更新,进而在对周围世界进行感知时运用新的认知结构。有机体生长的过程也不外如是。因此,布鲁纳认为把学科的基本结构教给学生,让学生掌握概括性程度更高的概念或一般原理,然后同化和顺应,让新知识变得更加简单。基础学科早期教学的加强,让学生对基础学科的基本概念、原理有了更深的理解,这就促使较高级知识的同化点在儿童早期的学习过程中就形成了,从而促进知识的迁移更为有效地进行,学习者对同类知识规律的理解也更加自如。

（二）强调有效学习方法的作用

布鲁纳认为,对不同事物进行区分是人类所具备的一项能力,将知识按照不同类别归纳到曾经学习的心理框架（或现实的模式）中,而学习就是学习者知识体系有效形成的过程。布鲁纳还认为,对客观事物不断进行归类的过程就是人类的知觉过程。因此,他认为教师要掌握必要的信息,还要会综合运用对客观事物归类的方法,然后在帮助学习者学习的过程中传授给他们。他认为,学习者的探究实际上是创建分类的方式,并不是发现分类的方式。因为在具体的学习过程中,这些相关的类别就像编码系统一样,这个编码系统就是利用分组和组合的方式对人们所学的知识进行变化和重组。将已经掌握的编码系统应用于其他新的信息,实际上就是学习者正在进行知识迁移。因此,了解学习者已有的编码系统在教师教授新知识时是非常重要的。

（三）主张发现学习

发现是学习者用一切方式亲自获取知识,其中知识的获取要遵循学习者自身特有的认知程序。布鲁纳反复强调教学能够促进学生智慧或认知的成长。他认为,教师的任务是设计以表征系统顺序发展的教学,要把知识转换成一种适应正在发展着的学生的形式。

1. 发现学习的步骤

布鲁纳认为一种名为发现学习的学习方法应当提倡在教学中为教师们使用。使用发现学习法应遵循六个步骤：一是提出能够吸引学生兴趣的问题；二是使学生获得对问题不确定性的体验；三是为问题的解决提供多种可能的假设；四是协助学生收集资料；五是组织学生对有关资料进行审查并得出应有的结论；六是运用分析思维，引导学生证实结论。

2. 发现学习的特点

在使用发现学习这种教学方法时，教师要利用假设、验证、合作、探究、分析等方式引导学生，发现语言规律，对语言知识和技能进行逐步掌握。这种方法具有明显的优点。

第一，发现学习法不仅重视储存学习结果，而且还强调在学习过程中学习者应当把知识用有意义的方式组织起来，以此巩固对知识的掌握。

第二，学习者内在学习动机可以通过发现学习法来激发，要求在教师把教学信息提供给学习者后，由学习者自己探索问题的解决模型。实践表明，学习者的智慧潜能在发现学习法的帮助下更加容易被激发出来。

第三，学生的直觉思维能力是发现学习法着重培养的方向。在发现学习法的指引下，学习者可以利用假设去推测关系，在学习的过程中、在解决问题或发现新事物的时候会使用自己的能力去破解难题。因而学习者发现问题、解决问题的能力在发现学习法的帮助下能获得一定程度上的提升。

第四，教师与学生在使用发现学习法时是处于一种合作的状态，学生能够积极主动地投入教与学的过程，在探究中不断地获得新的信息，而不是被动地接受知识。这使学生学习的主动性有了很大的提高。

3. 发现学习对外语语法教学的启示

布鲁纳的发现学习法对外语教学有一定的借鉴意义，特别是语法知识的教学，同样可以采用提示、注意、观察、发现、分析、归纳等方式进行，培养学生科学的思维方法、善于从语言现象中总结语言规律。有的教师认为，新的课程标准强调语言综合运用能力的培养，语法知识可以不教了，其实这是对新课标的误读。

首先，语法是语言最基本的规则系统，也是学习语言乃至运用语言的捷径。

尤其对外语学习者来说，没有一定的语法知识，就不可能表达规范的句子，也就不存在语言交际。任何时候语法都是语言学习的必要内容。

其次，语法不是不教，而是语法教学的方法发生了变化。传统的语法教学以演绎法为主，教师通过系统完整的讲解，分析概括语法知识规则，帮助学习者获取整体语法知识，然后再通过举例说明、互译、填空、选择等多种形式的专门练习对语法知识加以强化和应用。行为主义语言学习观倡导下的语法学习，虽然调整了语法翻译法主张的"从规则到练习"的语法教学路径，尝试采用"活动"来训练学习者对语法知识的理解与运用，但由于教学活动大多停留在无意义、无情景的模仿和机械训练中，导致"学了的用不上"，"要用的没学到"。学习者无法把课堂上的语法形式迁移到真实的交际场景，无法运用真实语言完成真实交际，语言综合运用能力仍然低下。

新课标倡导用归纳法教语法，学习者在完成教师设计的一系列观察、发现、对比、分析教学活动后，通过接受信息、储存信息和加工信息，可以自己从语言现象中归纳出语法规则。在归纳法的整个学习过程中，学习者是主动学习的行为主体，这种方法最大程度上调动了学习的积极性，自主完成了语法知识的认知、理解与内化，真正掌握消化了语言的规则，并能参照所接触到的大量真实语料，生成输出符合语言规范的地道、自然的表达方式。

演绎法与归纳法是人类逻辑思维的两种基本方法，目标的指向性一致，但实现的路径和技术路线完全相反。归纳法是学习者经过一系列认知活动，自己从诸多的现象中归结出事物的基本规律；演绎法是学习者运用他人传授的基本法则，在具体事例中探究、体验、解释、证实规则的正确性。就外语语法教学而言，归纳法是从语言事实到规则的方法，而演绎法是从规则到语言现象的方法。之所以说是语言现象而不是语言事实，是因为现实课堂中教师为了特意阐释规则，使用的很多例句和语料都是人造的语言信息，而不是能用于真实交际的自然语言信息。

归纳法对教师的指导作用也进行了肯定。有的人认为，运用归纳法就是把课堂完全交给学生。其实，归纳法不仅重视发挥学习者的主体作用，同时也肯定了教师在课堂中发挥的作用。一方面，教师设计并组织实施了归纳法所包含的一系列认知活动，同时教师也会在教学过程中继续帮助学生学习；另一方面，当大多数学习者能够自主归纳或者具备自主归纳的条件时，教师会对规则进行澄清、重申和总结，这一点对外语教师非常重要。让自主归纳的学习者对规则的准确性进行确认，让学习能力较弱的学习者明确规则的正确性或从教师的总结中获得正确的规则知识，就是澄清、重申和总结的目的。在大班制的环境下，学习者学习能力有强有弱，学习进度难以统一，外语教师对规则的重申与总结的时机很难把控，过早会"越俎代庖"，过迟会"画蛇添足"。总的来说，学习者的实际学习进展、教学目标和需求分析决定了教师总结语言知识的范围、深度、方法和时机；学习者完成观察、归纳等认知思维活动以及听说读写等语言能力活动的现实情况也大大影响了教师的总结评价。简单来说，如果能让班级80%的学生完成认知，即自主归纳的能力已为大多数学生具备时，教师的总结梳理就是"画龙点睛"，恰到好处。

布鲁纳的认知结构学习理论对各类学习的过程与机理进行了探究，在这一方面有开拓性的贡献。但在外语教学实践中，发现学习法的过度使用也会存在一定的局限性。一是发现学习法是一种比较花费时间和精力的教学方法，如果照搬模式，在现有的规划课时里难以满足这种学习的时间要求。那么简化这种学习模式是否可行是让一些实验研究者纠结的地方。恐怕简化后的发现学习法会变得面目全非。外语教学与母语或二语教学是完全不同的，只有把外语教育理论与具体实践相结合，才是构建适合中国特色教学体系的必然选择。二是实际上并不存在完全独立的发现学习法。强调发现学习与接受学习的相互配合和有效补充，或者说强调学与教的有效融合，或许是我国外语教学比较现实而且理想的路径。

第三节 基于二语习得理论的外语学习

考察语言学习研究的发展脉络，20世纪50年代以前，对母语习得研究的共识性解释原理是行为主义的"刺激—反应"学习理论。在成年人的引导和纠正下，儿童不断接受外界的刺激、强化，形成相对固定的语言习惯。20世纪50年代至60年代，乔姆斯基提出与行为主义语言学习观相反的观点，他的普遍语法假说认为，语言不是靠行为不断强化形成的习惯，而是生来便具有理解和组成合乎语法句子的能力。这种能力生下来就随同语言习得装置嵌置在人脑中。人类获得语言的过程不需要认知活动，也不受环境的影响。语言习得是在一定环境的"触发"

下的自行生长。习得语言主要依靠先天存在的普遍语法，以及生长环境中接触到的具体语言去激活固定在普遍语法中的参数。语言能力生成语言行为。

行为主义理论和乔姆斯基的假说解释了母语习得的过程，但是能否合理解释第二语言的习得和外语学习，需要更多的假说和验证。语言习得研究在西方有40~60种假说、理论模式和观点。有人计算，儿童母语习得需要8000至1万小时。第二语言习得者和外语学习者能有这么多的时间投入外语学习吗？假设学生每天学习外语2小时，全年无间断学习，至少需要12年才能达到8000小时以上。假如从小学三年级起学习外语，至少到大学二年级，一名正常的外语学习者才能达到儿童习得母语的总学时数，况且这种假设未免太过理想化，很难实现。当然，有些儿童学习外语的时间远早于小学三年级，有的可能从幼儿园就开始学习外语。即便进行如此置换计算，正常情况下，一名外语学习者都不可能在儿童时期完成外语学习时间的总量。因此，从理论上看，母语习得的机理完全不同于外语学习，母语习得的理论也未必能移植到外语学习中。自20世纪60年代起，第二语言习得研究逐渐成为一门独立的学科，出现了许多新学派、新范式、新思想，研究成果直接为我国外语教学提供了理论依据和实践支持。

一、习得—学习假说

（一）习得与学得的区分

克拉申对"习得"和"学得"的区分，以及"习得"和"学得"各自在习得者第二语言能力形成过程中所起作用的认识是其习得理论的出发点。因此，克拉申二语习得理论的核心可以说是习得—学得假说。

注重意义的自然交际会得出习得的结果，这是一种类似儿童习得母语的潜意识过程。与学得相对，大脑左半球语言区是习得的语言系统，这也是自发语言运用的根本。而学得的过程是教师讲课并有意识地练习、记忆，是要达到对所学语言的了解和对其语法概念的掌握。学得的语言系统不一定在语言区，但是一定在大脑左半球。克拉申认为，第二语言能力的发展需要习得才能直接促进，人们运用语言时的生产机制也需要习得的直接促进。而学得不能作为语言能力本身的一部分，它只是在监控着语言运用。

一般认为，习得与学得的区别，如表 2-3-1 所示。

表 2-3-1 习得与学得的区别

习得	学得
潜意识	有意识
潜意识	有讲授
无计划	有计划
无教材	有教材
自然环境	无自然环境

这种简单的区分只是为了方便读者获得总体的印象。以学得为参照点的比较，不能完全反映习得的特征。其实，我们每个人都有习得、学得的经历。例如，我们是怎样习得汉语的，从咿呀学语到呼喊父母的叠音词，再到说出只有周围亲人能听懂的并不合乎语法规范的简单句，都是自然习得母语的过程，但是我们无法描述、总结最初成功掌握母语的经验与方法。

研究证明，8～9岁的儿童已经掌握了母语的语音系统，建立了语调、节奏和发音模式，具备听、说能力，但书面语能力稍弱，主要困难是：仍觉得用书面方式表达自己的意思比较困难；虽然能流畅阅读，但仍觉得通过阅读学习知识要比通过听力学习知识难。中小学时期的青少年通常善于母语、方言使用时的切换，但是直到青春期，他们才明白方言变异的作用，并承袭了成人对语言的态度和偏见。据国外的研究资料显示：5岁大的美国幼儿，已经对全部英语的发音和基本语法习得掌握，拥有2200个交际词汇量；常用词语的歧义也能正常分辨，并具备了基本的口语能力。儿童的语音、语法在5～10岁已无多大进展，儿童主要的学习方向是学习英语的拼法、扩大词汇量和深化对词义的细微理解。学习者的读写能力成为培养的重点。

如果运用儿童习得母语的方法学习外语，那么外语的学习效果岂不是会很好？假如我们把早期的外语学习简单地视为技能，学习方法主要以模仿学习为主，而且学习者年龄越小模仿能力越强，那么，在10岁左右开始外语启蒙教学是否太迟？研究表明，语音、语法能力基本定型的年龄在10岁左右。儿童身体器官在不同的年龄阶段发育情况是不同的，认知方式会因生理结构的变化而变化，因此学习者的学习方式和方法会因年龄的差异而各有不同。在学习外语时，如果照搬习得语言的方法，这样就显得缺乏学理依据和逻辑常识。20世纪初，西欧的外语教学尝试采用模仿幼儿习得母语的方法，如"自然法""序列法""直接法"等。由于既未对母语习得的深层过程做过深度的了解，又误把"习得"与"学得"画等号，轻视了外语学习的过程，结果无疾而终。

（二）外语学习是"学得+习得"

学得与习得区别的主要焦点在于意识。学得是有意识的行为，习得是潜意识的行为。有的人过分强调习得的自然获得程序，认为习得是无意识的，我们并不同意，如果没有意识地参与，恐怕语言能力的高低只能依靠天赋，即便习得发生在潜移默化中而不是有意去教，习得者的主体作用或者主观能动性也不容忽视。如果要大致归类，学习的途径主要包括隐性学习和显性学习两种。隐性学习是觉察不到的、潜意识的，如幼儿通过"妈妈"进行概括，潜意识学得"饭饭""觉觉"等叠音词，并使用它们表达吃饭、睡觉等基本的生理诉求，有时由于过度概括，使用的叠音词只有长期生活在幼儿周围的人才能听得懂，曲解或误解可能会招致哭闹等声音语言的反抗。学习动宾词组或者使用无主句句式相对比叠音词的习得要复杂，需要接触更多有语境的语料，甚至可能需要大量模仿和矫正，这已经超越了自然习得的阶段，进入有意识的学得。再比如，我们常说知识来源于社会，社会性知识是依靠隐形的观察、学习获得的。而显性学习是有意识的、看得见的，是"通过各种记忆术、启发方式、策略而产生一个表征系统的更加显性的过程"。

意图是区别显性学习与隐性学习的另外一个重要特征。显性学习是有意图的，带有明确的目的性，学校教育就是典型的显性学习；而隐性学习没有明确的学习意图，是在规定学习任务之外的学习，比如学习者在学习的过程中下意识观察同伴的话语结构，并自觉对比、调整自己的表达方式，或者通过读报纸、看电视等休闲方式获得知识信息。一方面，外语学习必须在学校通过系统的、有目的、有计划、有意识的显性学习完成；另一方面，母语习得的经验、母语语言文化的已有认知结构对外语学习可以起到很好的储存、迁移、对比、监控、同化作用，加速外语言知识的内化过程。另外，丰富的课外资源和多样化的学习渠道也为潜意识外语学习创造了条件。例如，通过观看外文电影学习生活化的交际语言，通过听、唱外文歌曲培养语感，通过阅读外文小说学习外语语言句式、篇章结构，利用"互联网＋教育"拓展外语学用渠道，等等。外语学习是有计划的学得与无计划的习得的有机结合。

在习得的知识方面，母语习得的可以直接运用，而外语学习不能直接运用，需要经历"知识—技能—能力"的训练过程。外语知识要想转化为语言能力，长时间的语言技能训练是不可缺少的。把知识转换为能力就是外语教学希望达成的目的，但这是一场比较漫长的转换。而要实现从语言的形式到内容（意义）的转换还需要技能的训练，学习者最终在使用语言工具时才能灵活自如地表达思想、感情和进行信息的交流。

二、输入假说与外语教学

克拉申监察理论的核心内容是输入假说，这个理论对二语习得研究领域的影响是巨大的。克拉申认为二语习得的必要条件是"可理解的语言输入"。习得者想要习得语言，就只有习得者的可理解性输入接触得足够多才可以，所以二语习得成功就必须拥有以下两个条件：一是可理解性语言输入足够丰富，二是学习者本身拥有的语言习得机制。克拉申是先天论者，着重强调学习者自有的语言习得装置的重要性。克拉申与乔姆斯基所认可的学习者内在的语言习得机制表面上给人的感觉是两者的功能相同，但究竟是不是同一回事还有待考证。

（一）理解是对语言意义的理解

克拉申坚持认为只有学习者接触足量的可理解性输入，才有可能习得第二语言。这也成为指导外语教学的基本观点：没有大量的可理解性输入，学得外语也不可能发生。关于"可理解性输入"的理解，克拉申提出了著名的"i+1"公式，"i"是英语单词"input"（输入）的首字母，阿拉伯数字 1 表示变量，而不是恒定不变的常量，随着学习者现有语言水平的变化而变化。也就是说，学习者现有语言水平是可理解性输入的基本参照点，学习者实际语言水平越高，输入语言的难度就越大。越容易被学习者理解，外语学习成功的可能性也越高，反之亦然。概而言之，无论是二语习得还是外语学习，输入的语言水平要略高于学生现有的实际语言水平。如果输入语言的水平低于学习者的实际语言水平，学习过程就是低效无趣的；如果输入语言的水平远高于学习者的实际语言水平，学习行为则会无效。克拉申运用"i+1"公式贴切地表达了对可理解性输入内涵的解构，也成为外语教学实践者把握教学中"理解"概念的可操作性依据。如果把学习者的实际语言水平视为可理解性输入的出发点，那么"语言水平"具体包括哪些测量维度，或者说"语言水平"指语言形式还是意义，抑或二者兼具，这是一个非常关键的界定。

  20世纪70年代，"监控假说"成为克拉申二语习得理论的核心，对学习者语言形式的检查对照成为重点。到了20世纪80年代中叶，"输入假说"在克拉申进一步研究的基础上代替了"监控假说"，成为二语习得理论的核心，研究方向开始向学习者对语言意义的理解倾斜。基于克拉申对语言观和语言习得观的认识取得了进步，二语习得研究的重心也进行了调整。这个改变不仅体现了克拉申自己思想的转变，也反映出全世界语言发展变化的规律和语言教学研究的方向调整。克拉申认为，自然环境是理想的语言输入场所，同时理想的语言输入的交际是应当注重意义的，而不是仅仅按照语法序列简单地编排。可理解性输入的核心是语言意义，这里的"理解"可以认为是基于意义上的理解而不是形式上的理解。能否将语言知识转换为语言能力，综合语言运用表达能力的高低是衡量外语学习者语言水平的主要标志。如果认为学习者语言水平的判断标准仅有语音、词汇和语法知识要素则就过于片面了。如果学习者对语言形式的校正、调整花费了大量的时间，即便语言形式的正确性得到了保证，语言意义的理解、获得、重构以及意义的交换与协商也会受到影响，甚至意义的连贯表达也难以为继。在现实的交际中，我们经常会遇到一些言语的语言形式是错误的，但表意没有障碍，并没有使信息的交流受到影响。如果学习者想要让语言习得和学习更有效，应当把注意力集中于对意义或信息的理解上，而非对形式的理解，这将更加接近语言教学的终极目标。

（二）学习者的当前水平是输入的逻辑起点

  根据克拉申的可理解性输入假说，输入语言水平应略高于学习者的当前语言水平，过高或过低都不利于学习者的语言发展。如果明显高于学习者当前水平的语言输入，那么学习者不仅听不懂，还会挫伤他们的自信心和积极性。如果明显低于学习者当前水平的输入，那么不但会导致语言学习者长期低水平徘徊，学习者甚至还会因为缺乏挑战性而产生乏味、无趣等消极情感态度，乃至完全丧失外语学习兴趣。完全与学习者当前水平一致的输入可能会致使学习者的外语学习水平停滞不前。因此，克拉申"i+1"中的数字1是个变量，其大小取决于学习者当前语言水平的自变量，"i+1"有可能是 i+1, i+2, i+3……语言输入是"粗调输入"，包含若干层次的语言输入。就外语课堂教学的语言输入而言，需要关注三个方面的问题：学习者语言水平的评价方式；中等水平是教学设计的参照系；了解学习者的认知水平和认知风格。

（三）教学语言和教材是外语课堂输入的主渠道

从信息渠道和信息处理方式角度归类，外语教学包括信息的输入和信息的输出，介于输入与输出之间的是信息的交换、加工与处理。听和读是语言输入活动，说和写是语言输出活动。

1. 教学语言的可理解性输入

教学语言是课堂上教师表达的全部语言的总称，习惯上被称为"课堂用语"。但教学语言与课堂用语大不相同，课堂用语主要指指令性语言，即教师为完成教学活动而发出的，要求学生执行的课堂指令、命令、要求等。教学语言既包括教学指令，也包括教师进行语义阐释的解释性语言、教师提问时涉及意义理解的交换语言信息以及师生互动交流时使用的语言。教学语言和课堂用语称谓选择的背后隐藏了使用者的语言观和语言教学观。选择课堂用语的使用者认为外语教学完全在教师的控制和主导下，学生只是听从指挥的机器，整个课堂活动以母语讲解和反复操练为主，具备典型的教师中心课堂特征。选择教学语言的使用者除了发出必要的强制性教学指令外，教学语言更多用于解释、交流、提问等教学环节，而且以目的语为主，较少掺杂母语语言。教学语言具有教学、示范、澄清以及为学习者提供标准的语言学习范本等多重功能，具备典型的学生中心课堂特征和交际教学属性。当然，有的人可能纯粹是概念上的混用、误用或者习惯性的使用，没有认识论和方法论倾向。

学生在课堂上获得语言输入的重要信息源就是教学语言。这种教学语言对外语教学产生的作用十分直接、有效，甚至比教学材料的作用效果还好。一方面，教学材料对比教学语言有一定的缺点。因为教学材料是静态无声的，教学语言是动态有声的，所以相比之下教学材料更易滋生乏味和阅读倦息，而学习者对教学语言则更容易和乐于接受，而且学习者的注意力也会对这种面对面的交流更加专注，再加上教师角色本身赋予的威严更有利于学习者现场管理自己的学习行为。另一方面，教学语言的使用分为语言行为和非语言行为。同时，声音、动作、表情等各种信息也能让人体多种器官被最大限度地调动起来，提高学习者对学习的积极性，把学习者接受信息的渠道激活。而以单一、沉闷、费力为特点的教学材料信息输入就显得相形见绌了。因此，教学语言在为学习者提供临摹目标语语言学习机会的同时，主要是帮助学习者理解语言意义，生成可理解性语言输入。这样，教师拥有越高的教学语言输入水平，学习者的实际语言水平输入就能收获越多。

2. 教材的可理解性输入讨论

（1）教材的界定

教材是非目的语语境下外语教学信息输入的主要渠道，也是学生接受可理解性语言输入的主要渠道。教材作为学科知识和技能体系，既反映了学科的性质和发展规律，也是课程的具体化形式，体现了课程标准所规定的教学目标、教学任务、教学内容、教学步骤和教学方法。教材、教师、学生、教学环境是整个课堂教学生态的四个基本要素。在整个课堂教学中，教材的作用举足轻重。教材不仅是实施教学的主要依据和工具，也是学生学习知识、训练技能、发展能力的主要依据。

（2）外语教材是自然信息与人工信息的组合

教材提供什么样的信息，按照什么顺序呈现，对整个教学过程起着关键性的作用。有的学者认为，外语信息具有自然性和人工性两种性质。自然信息又称为"真实性信息"，是指直接从客观事物的自然状态中提取的信息。换句话说，自然信息是从人类自然生活中提取的生活化的语言，是日常语言形式。获取自然语言信息的途径有很多。比如，通过与目的语者交谈，听外语广播，看外语原版电影与电视节目，阅读外文原版小说、报纸、杂志等途径都能直接获得自然语言信息。把自然语言作为学习其他知识的语言工具，用于完成其他学科课程的教学工作也是深入学习自然语言的重要途径，母语习得者和二语习得者便是如此。于外语语言而言，自然语言信息是把外语作为母语的人使用的语言，语言的纯正、地道和标准是不言而喻的，也是外语学习者努力期望达到的语言水平。然而，这也是外语学习者神往但很难企及的。一方面，外语学习者很难有时间和机会像习得母语一样在自然交际途径中学习外语；另一方面，外语学习者，特别是初级阶段的外语学习者学习完全由自然语言信息组成的教学材料存在难度。因为自然语言更加注重意义的理解而不是形式的理解。理解生活化的真实语言不完全是词汇障碍，自然语言往往具有典型的非语法性结构特征，句子不合乎语法规范，并夹杂方言、熟语语汇，晦涩难懂，而且会对标准外语的学习造成较大的负迁移作用。初学者，甚至到中级阶段的外语学习者都对外语语言结构的语法性和规整性有强烈的诉求，形式上的规范是他们理解和运用目的语语言的基本标准。另外，生活化的语言在词汇的选择上也以日常词汇为主，尽量避免使用大词、难词，还会刻意回避学术性、专业性强的词汇。无论从词汇量还是遣词造句的角度考虑，纯粹的自然语言也不利于外语学习。

人工语言信息的出现是随当下教学情况的不断变化而产生的。为了让语言更容易被理解和接受，教材编写者在对教学理论、课程标准、教学目的和学习者个人情况等诸多因素考虑之下，对自然语言信息进行重新加工、简化、截短和拆分。过于人工化的教学材料语言，会让语言形式和内容显得矫情造作，虚假不自然，使外语教学对学习者产生严重的误导，人为地为学习者增加语言学习的障碍。人工信息教材在初级阶段的外语教学中是具备优势的，能与学习者的实际语言水平最大限度地贴近，教学活动具有很强的目的性和针对性，方便学习者"滚雪球"式地学习；引用人工信息的教材可以让教学信息变得密集，突出教学的重点，让学习者对新知识的学习能更快适应；教学具有很强的计划性，施教过程更加有条不紊，增强了教师对整个教学设计和教学操作的控制，也有利于教师进行教学评价。

（3）可理解性是合理使用教材的依据

教学环境的不同导致了课程目标、课程安排、评价内容与方式各具特色。不同的教师在语言素养、教学信念、教学方法和教学风格上的差异导致他们在教材的处理方法上也是八仙过海，各显神通。而对于学习者来说，差异更是巨大。没有任何一种教材能将所有特定群体的学生的学习需要完全满足，也没有哪个教师会在教学时完全照搬教材的编排顺序，将教材的内容一字不落地进行讲授。教师要依据可理解性输入理论，以学生现有语言水平和认知水平为出发点，根据学生的情况和实际教学的需要，按内容、结构、顺序、教学方法的步骤对教材进行合理取舍和调整。这是一名外语教师的基本职业能力。教材不是教的而是用的，无论是外语教学理论研究者还是一线的外语教师，对教材进行取舍和调整都是一个不得已的选择。这是教师对外语教学理论的认识和理解能力的不足以及课程标准的规定性要求导致的，还被学习者外语语言水平和认知水平所制约。

三、输出假说与互动假说

（一）输出假说

1. 概念理解

输出假说是对克拉申输入假说的批评和补充。

1985年，加拿大语言学家提出了"输出假设"理论，他们以儿童为研究对象，对加拿大沉浸式语言教学项目进行研究。专家认为语言习得中不可或缺的关键环节是可理解性输出。语言习得的必要条件是可理解性语言输入，这固然十分重要，但学习者要想成功习得语言仅仅靠输入还不够，还需要在语言输出上进行大量的练习。学习者通过意义协商准确地传达、交换信息，并检视目的语语法结构、词汇以及语言运用的准确性和得体性，不断提高语言表达的流畅性，促进语言运用的自动化，从而有效促进二语习得。

2. 输出假说的功能

可理解性输出的三大功能是注意触发功能、假设检验功能、元语言反思功能。

（1）注意触发功能

学习者对语言问题的注意是通过语言输出活动引起的，这就是注意触发功能。这项功能能通过对语言输入中的语言形式和语言意义进行有意识的关注，进而让学习者发现自己的语言表达与目的语之间的差距，最终达到让学习者认知加工语言信息的过程再次触发，进而学习者的语言知识得以更新或修正，并对原有的语言形式加以巩固。

当自身语言不足的问题被认识到以后，学习者会更加集中注意力，并在之后的输入中更加关注相关的语言特征，对输入信息的处理不断强化，习得的内在认知过程就这样被激活了，而语言习得也得到推进。显然，学习者注意发生的条件是要有意识关注中介语形式与目的语形式之间的差距，才能激发对比、分析语言形式的动机。对外语学习者来说，这种动机的强弱程度、维持的时长以及注意力的长度与质量是否与二语习得情形相同，外语学习者是否具备实现注意功能的目的语知识储备以及相应的教学条件，有意注意语言形式是否会抑制可理解性输出的流畅性，都需要进一步验证。

（2）假设检验功能

专家认为，语言具有"假设检验"功能。学习者在语言学习过程中会对目的语做出假设，根据交流中的反馈，不断检验语言形式的正确性并调整自己的语言输出。在对目的语不断做出假设的同时不断检验和修改，这就是二语习得的过程。学习者利用各种尝试把自己的意图表达出来，然后将这些输出进行检验，来判断对目的语潜在的假设是否正确。假设检验的前提是师生、生生，乃至学习者和本族语者之间的互动和反馈，根据输出假说，学习者是以潜在的目的语知识为参照，对输出的语言进行了重新编码，并重构了新的语言知识。那么，外语学习者潜在的目的语知识源于何处？调整后的语言输出是否能有效促进二语习得的发展？研究发现，只有调整后的语言输出是正确的，语言知识真正被学习者吸收内化的时候习得才能成功。

（3）元语言反思功能

元语言反思功能是指学习者运用已经掌握的语言知识思考自己和他人的语言形式、意义和功能，分析语言形式和结构的正确性。元语言指学习者所具有的关于语言知识的总和，主要来自母语习得系统和已有的目的语知识。这些对语言学习起着中介作用，能够促进学习者对语言知识的控制和内化。这样，如果把汉语知识作为外语学习者元语言知识的组成部分，能否发挥其反思功能，或者说，汉语知识作为元语言知识会产生积极反馈还是消极反馈需要更进一步的研究。

（二）互动假说

1. 概念理解

单纯强调输入或者输出都有一定的局限性，只有把输入和输出结合，才可能揭示语言学习的整个过程。20世纪70年代，许多研究者发现，对话互动是获得可理解性输入的重要方式和语言输出的机会。语言学家将可理解性输入、调整后的输出以及对话的作用综合在一起，提出了互动假说。1996年，学者将输入、互动、输出纳入互动假说，进一步更新、完善了原有理论。学者认为，互动能把输入、学习者内在能力、选择性注意和输入有机地联系起来，构成完整的学习过程。学习者经过互动，既进行意义协商，又进行形式上的反馈，并在交流过程中调整语言，然后在已有知识和"普遍语法"的作用下，理解吸收输入的语言，并将其内化，然后交流输出。

在外语课堂中，一般会在两个层面上出现交际互动。一种是学习者如何分配焦点注意力资源，即学习者更加关注在交际互动中出现何种语言形式。所以，如果教师要增加焦点注意力，那么在选择互动话题时，就要选择同时具备知识性和趣味性，并且更贴近学生生活的话题。另一种是在师生和生生互动中，从学习者的话语中获得的反馈。在交流中，教师应有意识地给学生提供更多的暗示、纠正、参考和润色，适当安排互动进度，增加反馈的时间和学生语言输出的自信心。

2. 外语课堂互动模式

一般来说，外语课堂互动主要发生在师生之间，除了教师选择性地与学生进行有效交流互动外，还应创造更多学生间的互动交流机会，形成"学习共同体"。实践证明，同伴间的互动更能消除交流焦虑，减轻心理压力，促进可理解性输入，增加语言输出的机会。而且由于同龄学习者之间无形的竞争意识以及争强好胜的心理特征，同伴间的交流反馈可能更能引起学习的注意力，激发学习动力，创造"比学赶帮"的学习氛围。外语课堂上师生、生生之间互动的模式主要包括以下三种：

（1）单向互动模式

单向互动模式主要指教师与学生之间的交流。教师完全操控互动的方式、进度安排以及互动的话题内容，甚至交流的语言形式；学生只是被动地应答教师的提问，没有权利和机会自主选择交流的内容与方式。单向互动是典型的教师中心课堂，教学方法以语法翻译法为主导，学生的主要课堂角色是听者、记录者，属于完全被动的学习者。单向互动模式的外语课堂教学被形象地喻为"填鸭式"或"满堂灌"，持单向互动观的教师把教学视为"喂鸭子"，既不管鸭子对食物的需求，也不管鸭子胃的容量以及消化能力。这种无视教学对象或者忽视学习者需求的课堂教学，要么学习者因为输入知识过难、过量消化不了而"撑死"，要么学习者因为不喜欢输入知识而"饿死"。教师是单向互动课堂唯一的权威、整个课堂的中心,所有教学活动都围绕教师开展并营造出整齐、安静的课堂气氛。由于这种方法对师资水平和教学资源条件要求低,所以在某些偏远地区仍有一定的市场。

（2）双向互动模式

师生之间互有来往的交流模式称为双向互动模式。这种模式下,学习者参与课堂互动,但不是主动的参与者,没有权利选择参与的方式、途径。教师是课堂互动活动的发起者、组织者,对课堂互动的节奏加以控制,并掌握输入输出的数量。

（3）多元互动模式

师生、生生之间的多向交流互动模式就是多元互动模式。该模式以学习者为中心,以交际教学法为主要教学方法。学习者与教师和同伴之间的交流都是主动参与,是主动学习者。学习者对完成交际任务的方式手段以及所需要的语言形式,也有选择的权利,并在形式上和意义上充分展开协商,在意义和知识上尝试构建新的架构。在该模式中,学习者根据交际任务的需要,分组方式会跟着不断变换,座位也不再固定,他们可以自由站立或移动。

第四节　结构主义语言学下的外语学习

一、结构主义语言学简述

结构主义语言学是 20 世纪在西方颇为盛行的一种语言学说,发端于索绪尔（Saussure, 1857—1913）。一般公认索绪尔是结构主义语言学的开创者,他奠定了结构主义语言学的基本框架。之后,整个 20 世纪的语言学都是在结构主义语言学的旗帜下发展的。

（一）结构主义语言学派

结构主义语言学以索绪尔的语言思想为基础,不断发展、流变,在欧洲和美国掀起了结构主义语言学研究的热潮。结构主义语言学派有三个主要支派:第一个支派是以特鲁别茨科伊、雅科布逊为代表的布拉格学派,又称布拉格音位学学派；第二个支派是以耶姆斯列夫为代表的哥本哈根学派，又称语符学派；第三个支派是以布龙菲尔德等为代表的美国结构主义语言学派，亦称美国描写语言学派。

1. 索绪尔的语言学思想

瑞士语言学家索绪尔是现代语言学的奠基者，也是结构主义语言学的开创者之一，被后人尊称为现代语言学之父、结构主义的鼻祖。《普通语言学教程》是其代表作品。这本著作对他的语言学基本思想进行了集中体现，并对20世纪的现代语言学研究产生了深远的影响。索绪尔的观点既对立又统一，为结构主义语言学的发展奠定了基调。

（1）"语言"与"言语"

索绪尔认为，"语言"和"言语"构成了语言能力和语言的实际现象。语言是社会现象的一种，个人意志都不能对它进行支配和选择。这种社会心理现象为社会成员所共有。每个社团的语言系统都具有自身的独特性，各种语音、词汇、语法在社团中的个体的成长过程中不断地被教授、表达、理解。言语是一种个体现象，这种表达方式是个人在言语活动中能够支配和选择的，带有个人发音、用词、造句的特点。

语言与言语具有普遍性和特殊性关系，了解个人的言语行为，就能推论形成整个社团语言的社会因素。某一社团中的个人言语一定会受到整个社团语言的影响，这种社团语言是社团中每个个体储存在大脑中的语法系统共同形成、统一作用的结果，是可以互通的。简而言之，语言是静态的、社会的、抽象的、有限的，而言语是动态的、个人的、具体的、无限的。语言存在于言语之中，是言语的基础，也是对言语的高度概括；言语是基于语言规范的具体表现形式，也是运用语言的结果。

（2）"能指"与"所指"

索绪尔认为语言是一个符号系统，符号由能指和所指两部分组成。能指是声音的心理印迹，或音响形象，而所指是概念。当一个人通过嘴、声带和舌头发出的声音用于交流和表达思想时才会被视为语言，否则声音是无意义的，或者只能算是噪声。所谓的符号就是形式和意义的联合，也就是索绪尔所称的能指与所指。如果语言形式和意义组成语言符号，形式与意义并非彼此分离，只有赋予意义的形式才具有语言的交际性特征，意义也必须借助形式去表达，那么能指与所指作为构成符号的两个组成部分，只有相互结合才能得以存在。

索绪尔在能指与所指的二元论基础上，提出了语言的任意性特征。他认为，形式与意义，即能指与所指之间没有自然的联系，如英语单词"apple"的发音与字母组合与"苹果"的概念之间没有自然的联系，其他语言也会用不同的形式和声音表达"苹果"这个概念。任意性赋予了语言无穷的创造性，可以任意创造无限的词汇。与任意性对立的是约定性，即符号与意义之间存在约定俗成的规则。

（3）"历时"研究与"共时"研究

索绪尔提出的"历时"和"共时"是从语言研究方法角度提出的。历时研究的考察是从动态、纵向的视角进行的，对语言的结构、形态以及演化规律做了全面的勘察。而共时研究的考察具备静态、横向的视角特点。索绪尔认为，研究一种语言的历史发展，历时性的研究是必需的，但语言个别部分之间的关系对于进行共时性的研究更为合适。共时研究就好像是树轮的横切面，众多的横切面（共时研究）就构成了树轮（历时研究）。

历时和共时二者的关系是辩证统一的，既相互区别，又相互联系。语言的全貌因二者的结合而展现出来。把语言的历时研究和共时研究区分开来，根据的是语言符号的可变性和不变性。语言符号既是可变的，又是不可变的，这个问题的解释涉及语言的任意性、约定性和社会性关系。如果不对语言发展的历史加以考虑，那么语言符号的能指与所指之间的联系就是任意的、自由的、不可变的。但是随着时间的推移，语言在不断发展，社团成员之间的社会关系也影响了语言的使用，这种情况下语言符号既有约定性，又有可变性。历时语言学与共时语言学也是以此为前提进行的区分。

2. 布拉格学派

布拉格学派又称"功能语言学派"。布拉格学派主张共时语言学研究，从"功能"的角度看待语言，把语言视为一种"功能"，是语言社团成员完成一系列基本职责和任务的工具，强调语言的系统性属性，反对孤立分析语言系统中各成分之间的关系。布拉格学派最突出的贡献是创立了音位学说，并区分了语音学和音位学。这一领域最具影响力的学者是特鲁别茨科伊，他沿用索绪尔的语言与言语理论，提出语音学属于"言语"，而音位学属于"语言"。音位就是若干个功能的总和，当声音被赋予意义功能时也可以归为音位。

布拉格学派主张语言是交际的工具，必须把语言结构与功能结合起来分析评价语言，强调从功能角度用主位和述位来分析句子结构。主位是指交际双方共同知道的已知信息，是话语的出发点；述位是指说话者陈述的有关涉及话语起点内容的核心信息，也是听话人需要获得的新信息。主位与述位并不完全等同于句子的主语与谓语，前者聚焦语言信息的分布，后者关注语言的结构。因此，主位和述位理论是对语言结构研究的有机补充，将语言形式与意义完整组合，赋予语言的整体研究，为语言篇章的生成、解读奠定了理论基础。

3. 哥本哈根学派

哥本哈根学派又称为丹麦学派或语符学派。这个学派的诞生以哥本哈根语言学会的成立为标志，其代表人物是耶姆斯列夫。哥本哈根学派继承了索绪尔关于语言是符号系统、语言是形式等观点，并加以发展，形成了与布拉格学派不同的结构主义语言学派。该学派偏重纯理论研究，通过语言形式分析，以研究语言的符号性质和语言在人文科学中的地位为主要出发点，形成了严密的语符学理论体系。语符学认为，语言符号是由内容形式和表达形式构成的单位，研究语言单位内部各成分之间的关系才有价值。

建构独立、精确的语言科学，把语言学与数理逻辑结合起来，这是哥本哈根学派想要达成的目标。但该学派坚持用"假设—推理"的纯理论研究方法进行研究，对具体的语言事实不加以重视，导致学派影响较小。但他们的研究在若干年后对欧美语言学的发展产生了重大的影响，成为后来的主要研究倾向。

（二）结构主义语言学的主要研究方法

结构主义语言学的发展是在索绪尔的语言思想基础上展开的。早期的结构主义学派通过描写、记录几百种印第安人使用的土著语言，试图从音位学平面和形态学平面考察具体的言语事实，进而归结语言的规律，研究语言的内在本质。由于无暇顾及各种土著言语之间的对比分析，研究方法主要以共时研究为主，记载描述各种语言的现实特点与结构。布龙菲尔德时期的语言研究更多地从句法学平面分析句子内部各成分之间的聚合关系、分布结构以及功能特征，后来的研究也继承了这种研究方法。纵观结构主义的研究方法，早期的研究以非对比性描写为主，中期（布龙菲尔德时期）和后期（后布龙菲尔德时期）以同一语言内部比较分析为主，主要的研究方法包含以下几种：

1. 直接成分分析法

直接成分分析法是布龙菲尔德最早在《语言论》中提出的语言研究方法，主要分析句子内部成分之间的内在关系。结构主义语言学家认为句子是最大的语法单位，也是最自由的、语义能够独立存在的语言单位。句子由词组成，词由语素组成；句子以上称为语篇，是由一连串句子组成的语言段落或篇章。但从语言的交际功能角度看，语篇也可以是一个词、词组或者单独的句子，能够表达完整的意义即可。

2. 替换分析法

将一种语言形式用另一种语言形式替换，这就是替换分析法。例如，"He is a pupil"的主语可以替换成有生命的单数名词，名词性短语也可以将表语替换。在语言教学中，尤其是外语教学，替换分析被广泛运用。这其中既可以用演绎法分析句子的成分结构，形成句型规则，然后教师提供大量可替代的语言形式进行句型操练，也可以通过大量的替换练习采用归纳法发现、总结句型结构进而帮助学习者。学习者通过反复模仿操练，加深对句型的熟练度，在对句型框架有了一定掌握后，如果学习者的词汇量足够多，就能制造出无数个同样结构的句子，这就是替换练习的目的。

3. 对比法

对比法是对同一语言内部成分之间区别性特征的比较分析，被广泛用于语音、形态、语法等范畴。对比必须发生在语言的同一层次，跨层次对比既不成立也无必要。例如，通过对 b 和 p 两个爆破音进行比较，分析它们发音的器官位置、气流流速、嘴唇的闭合程度等差异，从而掌握发音要领，形成标准的语音。如果采用非对比形式教授上述两个音标，学习者由于缺乏对比能力，没办法形成清晰的、正确的发音规则。对比既是人类获取知识的有效路径，也是语音、语法、词汇教学中有效实用的教学方法。对比的目的显然是通过对同一层次的具体语言项目的对比分析，从区别性特征概括、抽象出一般规则，力求反映语言的规律属性，进而推理出一套有机的、统一的语言体系，帮助人们认识语言的本质。

对比法不同于对比分析。第一，对比指同一语言内部的对比，而对比分析是两种或两种以上语言的对比；第二，对比关照的是语言内部成分的区别性差异，而对比分析则聚焦两种语言间的结构差异；第三，对比关注语言结构，而对比分析关注语言错误以及产生错误的原因。对比分析两种语言的异同，有利于认知迁移的特点及作用。

二、结构主义语言学主导下的听说教学范式

听说法是美国结构主义语言学主导下的语言教学的主要范式，对我国外语教学影响颇深。从某种程度上来说，我国 20 世纪 80 年代之前的外语教学主要以语法翻译法和听说法为主。在语法翻译法的影响逐渐消减后，听说法成为我国外语教学较长一段时期内的主流范式。

（一）理论基础及教学原则

人们对知识本体的认识与理解是一种教学方法产生的原因。某些学科知识与语言的关系十分紧密，人们对这些知识的认知程度对教学方法的影响也很大。教学方法的诞生是学科理论基础的功劳，而非理论基础被教学方法选择。行为主义心理学和结构主义语言学是听说法理论基础的主要部分。

行为主义心理学以动物的生物性特征为关注点，人类学习的近似性原理可以从动物实验中推理得出。行为主义语言观植根于行为主义心理学研究，该观点认为语言学习是"刺激—反应"的自动化行为过程，强调两个基本内涵：一是语言学习是行为习惯的一种，行为是外在的，靠模仿形成，不需要通过大脑的认知；二是语言学习是靠习惯强化的行为自动化，而增强行为的自动化程度需要行为不断地重复，进而使语言习惯得以形成，这样就能实现流畅的表达。因此，行为主义语言教学观坚持认为，只有反复地死记硬背、机械模仿才能将语言学习的成果固化并熟练运用语言，教师的语言教学就是把一些可模仿的结构框架和训练机会提供给学生，并通过训练、熟记和检验达成最终的教学目的。

结构主义语言学是听说法重要的语言学理论基础。结构主义语言观承认语言具有口语和书面语两种表现形式，但口语是第一性的，书面语是第二性的。另外，由于听说法产生的特殊历史背景，强调口头交流能力，在重视听说能力的同时忽视了读写能力的培养，割裂了语言技能发展的整体性。结构主义语言学把句子视为交流的基本单位，语言教学也以操练句型和训练造句能力为主。变换方式操练

句型成为听说法课堂教学的主要活动形式。

受结构主义语言学和行为主义心理学的深刻影响，听说法的教学原则和特点主要表现为以下特征：

1. 遵循听说读写教学顺序

作为语言发展的四种基本技能，听说读写的教学顺序和侧重是语言教学方法长期演变进程中需要重点考虑的重要因素。不同的教学流派侧重点不同，比如语法翻译法重视读写，直接法重视口语，听说法重视听说，交际法倡导听说读写全面发展，等等。听说教学范式强调严格的听说读写顺序，主要体现在两个层面：一方面，教学材料、活动编排必须按照先听说、后读写的发展顺序，口头交际先于书面交际；另一方面，课堂技能教学的顺序也是先开展听力和口语练习，然后再进行少量的阅读和写作训练。在实际教学中，往往因为教学时间的限制，外语课堂教学以听说训练为主，阅读和写作练习被安排成课后作业。由于缺乏有效监控，加之班级人数太多，教师无暇评价作业完成效果，课后练习经常流于形式，学习者的读写能力也得不到充分的训练。

2. 对话是听说教材的主要内容

对话呈现句型是听说教材的特点，或者说对话之中体现了句型知识。语法结构顺序决定了对话在教材中的编排顺序。对话与会话不同，对话是专门编排的教学材料，其目的是对学习者进行语言规则方面的有意识训练。语言素材取用的信息多为人为加工的，缺少交际性，有些对话是简化了的语言形式，只对形式的正确性加以关注，对意义的真实性以及交际语境都不加以关注。在现实交际中这些对话可能没什么用，即使用上了，也常常由于与交际功能不吻合而产生语义歧义，闹出笑话。更接近目的语语言的语用特征是这类自然语言信息的一大特点。

3. 句型操练是课堂教学的主要活动

听说教学范式的课堂强调句型操练，甚至有的外语课堂把句型操练视为唯一的教学活动形式。句型操练主要以重复、模仿、记忆等机械学习方式为主，是在教师完全控制下的一种学习行为。学习者的任务就是在教师的统一指挥下，针对指定的练习对象，用指定方法完成指定的教学活动，学习者完全处于被动状态，也不需要思维认知能力的参与。

4. 强调学习结果

加强语言的形式训练就要用到听说法。教师不仅对学生的学习结果十分重视，而且尤为在乎语言形式的准确性，对学生的语言错误零容忍。发音纯正、熟记词汇和句法规则都是教师所强调的地方，出现了错误会立即纠错。教师会担心如果语言形式错误不及时纠正，久而久之学生就会形成错误习惯，下一阶段的学习必将受到影响，甚至他们有可能会一直错下去。

5. 忽视学习者的情感态度

行为主义心理学认为，在行为上人和动物都是可训练的。如果把训练的方式与结果控制在一定范围内进行，那么不会有可变性，并且不会因情感因素而改变。如果学习者被视为能够接受训练并通过训练直接获得行为结果，训练过程会直接导致可预期的结果，中间没有其他变量因子，那么学习者就是"机器"，没有喜怒哀乐，或者说，学习者的情感并不重要，不会影响学习结果。运用听说法的外语课对学习者的情感状态以及性格、认知风格等个体差异因素很少顾及，无法及时地回应与关注学习者产生的负面情绪，甚至学习者的情感态度是漠视的，或游离于教学设计和教学操作之外。

（二）主要教学活动形式

1. 朗读

朗读不同于阅读。朗读的目的是训练正确的语音语调，需大声读。阅读的目的是训练理解能力，往往是无声的，需要阅读技巧。

2. 替换

替换是句型操练时的常见练习形式，是把句型中或表述中的局部信息用另外一种形式替代，被替代的成分可以是词、短语或者表达式。

3. 连接

连接指把两个或两个以上的句子连接成一个句子，主要用于主从复合句的操练。

4. 扩展

扩展是教师有意识地通过呈现一连串简单句子，引导学生生成较长、较复杂句子的教学行为，主要用于新旧知识的衔接，即导入、呈现环节。

5. 转换

转换主要用于否定句、疑问句和时态、语态、语气等语法知识操练，以句型形式呈现较多。

6. 问答式操练

问答式操练主要用于句型操练和特定语法项目练习，可以是师问生答，也可以是学生互问互答。

第三章　当代高校外语教学方法简述

教学方法就其本质而言是进行教与学的具体方法。正所谓"教学有法，但无定法，贵在得法"，本章简要阐述当代高校外语教学方法的基本情况，包括外语教学方法概述、高校外语移动教学、高校外语混合式教学和高校外语多模态教学等。

第一节　外语教学方法概述

我国的外语教学法在以前基本以引进为主，后经过几代人的不断探索，如今在外语教学方法上已达成共识，并最终形成我们自己的教学观点。在学校里，学生的外语学习应根据中国外语教学的国情特点，而教学环境是国情特点的主要方面，学习内容（目的语）则是国情特点的主要体现。

一、教学法与教学方法

首先，有必要建立一个明确的概念：教学方法不等于教学法。

"教学法"这一概念最初是从国外引进的，当时在西方教学理论界使用"Teaching"一词作为基本术语，该词的本来含义为讲授，因此被译为"教授法"，直至20世纪初，美国教育学者杜威（1859—1952）领导的"进步教育运动"倡导"从做中学"，使教育界人士突然领悟到：合理的教学法应该是"教"学生"学"，教师的任务应该是用适当的方法去指导学生学，因此改"教授法"为"教学法"。

不同角度、观点、流派对教学法做出了不同的解释。就其本质来说，教学法作为组成教育科学的一部分，具有相对独立性。教学法由很多分支组成，如各学科、各阶段的教学法，外语教学法也是其中之一。外语教学法以外语教学规律作为其研究内容。外语教学法以哲学、语言学、心理学、教育学的一般原理为基础理论支撑，把外语教学教程的规律通过教学实践探索总结并反映出来，并将教学法的体系在此基础上制定出来，从而对外语教学的实践进行指导。

教学法的内涵分为三个层次：教学指导思想（也称教学法规），教学原则，具体的方法、方式和手段。其中，"具体的方法、方式和手段"这一层次指的是采用具体的授课方法和学习方法（如谈话法、观察法、对比的方式、直观手段等）来使教学指导思想和教学原则得到贯彻。那么，"外语教学方法"就是通过不同的教学指导思想和教学原则的指导，针对外语教学所采用的具体的授课方法与学习方法。

教学法是一门研究教学目的、内容、原则、方法、手段和组织形式的独立学科，也是对学生掌握知识、技能并达到熟练的过程及其规律进行研究的科学。教学法所要研究的内容就是传授与学习知识技能的具体方法，即教学方法。两者并非同一事物，但有种属关系。

二、教学方法与教学技巧、教学艺术

在涉及教学方法相关内容的著作与文章中，还经常出现教学技巧、教学艺术等术语。的确，两者与教学方法在内容上存在一定的相关性与相似性，但是，三者之间还是有着细微差别的。

在教学过程中，让教师教课的方法和学生学习的方法相结合，最终使教学任务得以完成的方法的总称就是教学方法。俗话说，"成法则有，定法则无"，各种已经成型的具体教学方法就是俗语中所谓的"成法"。任何一种教学方法的作用与功能都有其自身的特性，如学生可以通过交际法来提高表达能力，而关于学习内容则可以通过讲授法帮助学生进行理解，但是我们没有什么办法来判定哪种教学方法更好。教学技巧是根据学科内容、学生特点、教师自身能力等因素，在具体教学过程中，使用的某种或者某几种教学方法，它可使"成法"变为"定法"。简单来说，那些在外语教学实践中为了促进学生学习而采用的方法和策略就是教学技巧。教学艺术指的是在课堂教学中把那些选择的教学方法完美地结合起来，即展现所选方法的运用之妙。教师游刃有余地在课堂上使用选用的方法、技巧和策略、表演、手法和操作，最终达到扬长避短、避难就易、深入浅出的效果，让学生感觉学习并没有那么难。因此，注重教学方法是创建理想课堂教学的根本和出发点。教学方法的合理选择则是策略、技巧，而教学艺术则是对所选教学方法的完美实施。总的来说，对于观点、模式研究的侧重是历代外语教学法的共同点，而技巧很少被拿来进行科学研究，因为其可塑性强、变化大的特点常常被纳入教学艺术。

三、教学方法的分类

"文似看山不喜平"，文如此，课堂教学亦然。如果在一堂课内，教师都是一个调子、一个方法，学生也会觉得乏味无趣。只有使用多种教学方法，讲、听、演、看、问、答、读、议、思、练在一堂课中运用得错落有致、和谐统一，教师的教与学生的学才能水乳交融，各得其所。但是现在各种教学方法实在是琳琅满目，让人有眼花缭乱之感。有一本专著名叫《教学六十法》，而另一本专著《教学方法新编》中所列各种教学方法达 175 种之多，教学方法种类之多由此可见一斑。因此酌情分类可推知教学法的性质，有利于认清教学法的实质。

教学可视为"教师教"和"学生学"两个互动过程，由此就会形成教学的两个中心——"以教师为中心"和"以学生为中心"，各种教学法也可依此被划分为"教师中心教学法"和"学生中心教学法"两大类。但这种二分法，有过于简略之嫌。

于是，有学者将各种教学法的本质归纳为操作性、技术性和原理性，并依此将各种教学方法从具体到抽象划分为"操作性教学方法""技术性教学方法""原理性教学方法"三个层次。

另外，值得一提的是，教学法的分类方法并不止一种。有学者将教学方法从大的方面分为"理论教学方法""实践教学方法""自学指导方法""科研训练方法"四类。也有学者根据国内外教学方法分类的经验，结合我国常用的教学方法的特点，将教学方法分为四大类：语言性教学方法、直观性教学方法、实践性教学方法和研究性教学方法。人们更容易理解与接受后一种分类方法。其中，将口头或书面语言作为知识进行传递的主要形式，这是语言性教学方法，如讲授法、谈话法等；直观性教学方法是通过实物或教具演示，教师带领学生在教学过程中进行教学性的参观等，如演示法、参观法等；实践性教学方法是以训练学生的技能技巧或行为习惯为目的，以实际训练为主要形式的教学方法，如实验法、实习法等；研究性教学方法是以学生间的集体讨论或自我发现为主要形式，本身具有探讨、商榷、深化的特点，如讨论法、发现法等。

前举各种教学方法的分类，无论是二分法、三分法或四分法，由于各种教学法的观点不同，分类方法亦有区别，但是任何一种分类方法，都有助于从不同层面理解教学方法的性质。

第二节 高校外语移动教学

一、移动教学概述

通过移动的学习场所或利用移动的学习工具实施的教育就是移动教学，它是一种交互式教学活动，通过师生的移动设备来实现。在媒体逐渐走进教学、走进课堂的风潮中，移动教学逐渐成为一种新兴教学手段而受到教师和学生的好评。使用移动教学媒体的课堂，教学活动更加活泼生动，可以让抽象的知识变得更为具体。

（一）移动教学的发展

近几年，移动教学发展迅猛，教育领域发生着深刻的变化。自在线教育的爆发期开始，作为组成在线教育一部分的移动教学发展十分迅速。在移动教学中，以平板电脑、智能手机为代表的移动终端设备得到了大面积推广应用，移动教学为丰富课堂学习的形式做出了巨大的贡献。以电信网络运营商、校园网络平台、学习资源网站为代表的丰富多样的网络资源使移动教学获得的良好条件可谓前所未有。随着现代社会信息量剧增，人们的学习内容难以在有限的时间和空间范围内完成，于是需要零散的时间和移动的空间作为补充。此时的移动教学获得了良好的主观环境，即人们有强烈的学习愿望，并可以充分利用业余时间进行学习。最早非电子介质的载体，比如书本、笔记、纸条等是移动教学的载体。随着通信技术和移动技术的发展和广泛应用，移动教学获得了大跨越式的进步和发展。

1. 国内的发展阶段

在国内，移动教学经历了三个阶段的发展，分别是萌芽期、发展期和爆发期。移动教学的萌芽期是在 2003 年到 2006 年。在 2003 年左右，手机短信和 WAP（无线应用协议）逐渐兴起，远程教育技术研究者马上对这些技术能否应用于学习领域产生了兴趣。但是由于短信和 WAP 网站存在着信息量少、浏览速度慢等缺点，因此移动教学要走上规模化的道路还很遥远。当时操作系统还没有装备到设备中，智能手机尚未出世，移动教学也同样处于萌芽时期。

2006 年到 2010 年，移动教学进入发展期。自 2006 年以后，智能手机首先在商务人群、上班族的范围内开始兴起，当时智能手机的操作系统种类繁多，主要是诺基亚的 Symbian、微软的 Windows Mobile，还有联发科的 MTK 平台。此时的智能手机设备算是在小范围内得到了普及，当智能手机的用户达到数千万级别时，对智能手机软件应用的需求自然上升。此时移动学习软件的开发开始被一部分企业关注，如碟中碟的移动英语通、诺基亚的行学一族等。但当时单机版下载是移动教学与学习市场需求的主要形式，这些软件需要通过个人计算机（PC）才能安装至手机设备。2008 年以后，安卓（Android）和 ios 设备才开始兴起。

2010 年至今，移动教学可谓进入了发展的爆发期。随着 Android、ios 系统在中国的迅速普及，出现了 10 万款以上的学习 App（手机应用软件），移动教学和学习 App 发展的爆发期正式到来。各类移动教学 App 的开发开始被大量企业投资，这些 App 主要是在幼儿、中小学、成人教育、职业培训等领域应用。这个爆发期在可预见的未来还可能会一直持续下去。

2. 当今移动教学设备

基于电子信息技术、无线移动网络技术等的发展，移动设备的发展也经历了从无到有、由模拟到数字再到智能化的发展过程。其代表设备分别是智能手机、iPad、便携式电脑以及 PDA。

智能手机是可以像电脑一般随意安装和卸载应用软件，并且有专用操作系统软件，集通话、短信、网络接入、影视娱乐为一体的综合性个人手持终端设备。随着手机、无线通信技术的进一步发展，智能手机与 PDA、PPC 之间已经没有明显的差距，移动学习的主流设备终将被智能手机取代。

iPad 是苹果公司出品的一款平板电脑，于 2010 年 1 月 27 日发布。iPad 的定位是一款介于智能手机和笔记本电脑之间的电子产品，具有收发邮件、查看、编辑图片、观看视频、玩游戏等强大功能，是下一代移动学习设备发展的方向之一。

便携式电脑，通常称为笔记本电脑。相比于台式机，笔记本电脑体积小、重量轻、携带方便,并且配合无线网络技术,受到人们的广泛追捧。笔记本电脑在教育领域被广泛应用,成为移动学习的主要工具。先进的笔记本电脑如平板电脑(Tablet PC)等,为了提高移动学习的效率,在具备笔记本电脑所有功能的基础上,还增加了提高移动计算能力的功能。

PDA 也称作个人数字助理,是一款具有轻便、小巧、可移动性强等优点,可以通过 GPRS 方式进行无线上网的掌上电脑。PDA 被广泛运用于学校管理、课堂教学等学校的日常活动中。

(二)移动教学的内涵

2000 年,美国加州大学伯克利分校开启了研究移动教学的科研项目,这可以说是移动教学的起源,近年来其发展速度也是很快的。移动教学与学习的概念进入中国是在 2000 年庆祝上海电视大学建校 40 周年的一场学术报告中,由国际远程教育学家戴斯蒙德·基更首次提出。在今天,移动教学已经成为一个在教育技术领域激动人心的话题,大量的研究者被这个领域所吸引。但目前,只是从不同角度对移动教学做了阐释,还没有形成一个明确、统一的定义。

首先,有别于一般学习,移动教学是基于数字化学习的发展成果,是数字化学习的扩展。Sun 公司的专家针对移动教学提出了独到的见解,他们认为传统书籍已经可以让学习者随时随地进行学习,所以移动教学并不是一种新事物,可以说移动教学很早就已经出现。由此可见,移动教学在现在以一个新事物、新概念提出来,必须与传统学习相区别,否则移动教学的意义将不复存在。

其次,移动教学不仅将数字化教学的所有特征囊括进来,还具备了一些特有的优势,即学习者拥有了可移动的学习终端,可以自由自在、随时随地进行不同目的、不同方式的学习。不论是学习环境,还是教师、研究人员、技术人员和学生都是移动的。

最后,从实现方式的角度来看,移动计算技术和互联网技术是移动教学实现的技术基础,即移动互联技术。小型化的移动计算设备或者 IA 设备是移动教学得以实现的工具。在讨论移动教学概念的过程中,专家从移动教学的特征角度分析了当下实现移动教学的设备具有的性质:可携带性,即设备体积小、重量轻,便于随身携带。无线性,即设备无须连线;移动性,指使用者在移动中也可以很好地使用。通过分析可知，WAP蜂窝电话、PDA和混合设备（指混合了移动电话的语音功能和PDA数据处理功能的设备）是目前移动教学与学习应用的IA设备。但是在电子技术不断发展的今天，相信在不久的将来会有更多类型的设备出现，促成移动教学的大发展。

随着对移动教学与学习的研究和界定不断深入，移动教学与学习应至少由以下四项要素构成：移动的学习者、利用移动设备、与移动网络相连接、在移动的情境中开展学习。上面对移动教学的定义，将移动教学的特点和内涵从不同的侧面进行了揭示。我们通过这样一个定义也能够比较全面地对移动教学进行了解。但是，在现下的研究成果中，移动教学仍然没有一个明确、统一的定义。那些已有的众多定义，均是从不同的角度对移动教学进行阐述。那么如果给移动教学下一个明确、统一的定义，作者认为：移动教学是一种新型的个性化的学习方式，其实现工具是移动终端，教学特点是利用片段化时间呈现微型教学内容，可以随时随地进行学习。

二、移动教学应用的基本情况

（一）移动教学媒体的应用

移动教学是一种网络教学，是理论对实践的指导，提高了学习效率，在一定程度上顺应了社会。移动教学媒体除了在课堂上使用以外，它的便携性使学习不再拘泥于室内，更能融入情境进行学习，或者说，更能让学习者随时随地学习想学的东西。教授者可以远在千里之外，通过互联网络，将内容呈现在屏幕上，学习者在屏幕另一端便可学习。这种学习方式使得学习资源更加广泛，再加上有网络作为媒介，互动性也大大增加，这就弥补了传统电视媒介的单向性劣势。而且，移动教学媒体，如手机、学习机、平板电脑等，都具有私用性。学习者可以因个体差异，根据不同年龄的限制，选择自己所需进行学习。再者，学习内容进度可以自己控制，这使学习者更能掌握自己所要学习的内容。

建构主义主张的是一种超二元论的知识观，即知识的接受与发现的辩证统一，以建构为主导的知识结构与建构的辩证统一和以知识的抽象性与具体性的辩证统一。而移动教学媒体，正是以建构主义为契机，在教与学的过程中充当重要角色。

建构主义提倡在教师指导下、以学习者为中心的学习，移动媒体的出现，使教师的作用在一定程度上发生了改变。教师的传授指导方式不再局限于黑板、粉笔和一张嘴，学生所接受的也不再是眼睛只看教师板书，耳朵只听老师单一地讲，情境靠自己想。

近些年，也有不少学校将移动教学媒体引入课堂，在协作化的教学环境中锻炼学生的思维能力。移动教学媒体比黑板教学更加生动有趣，极大程度地还原了学习内容的环境，而这种新鲜感更能激发学生的学习兴趣，变被动学习为主动学习。移动教学媒体在课堂中的使用也能使课堂内容更加丰富，上课效率大大提高。值得一提的是，移动教学媒体如何使用成了我们更应该讨论的话题。

一方面，很多家长为了让孩子自主学习，给孩子配备了现代化教学的"高科技"学习设备，但是这种"高科技"学习机等教学媒体，往往还能下载娱乐游戏软件，这使自觉性不高的孩子反而深受其害。另一方面，教师在课堂中使用教学媒体时，如果没有控制好教学容量，没有选择好题材，这也会让学习者得不到很好的学习效果。移动教学媒体虽然拓展了学习空间，但由于它的便携特点，屏幕太小往往没有很好的视觉冲击效果。移动教学媒体承载的数字媒体，一般都需要互联网的支持，如果没有互联网，移动教学媒体就很难传授知识了。这时，移动教学媒体和传统的电视媒体就各有各的好处了。教学媒体都是因人、因教材而异，具有不同类型、主题的课程，教学媒体选择恰当才是关键。目前来看，移动教学媒体还处于未成熟阶段，受到网络课程少、不能灵活适应学习者的接受能力等因素的制约，所以还有很大的发展空间。

从当下的媒体传播形式来看，电子书、移动设备、增强现实、基于游戏的学习、基于手势的计算、学习分析技术六项时兴技术有望在未来的教育中得到广泛的普及应用，甚至成为主流的教学方法。这一点非常值得现代教育界期待。新兴科学技术能够极大地促进教学的发展，使得教学的成效更加显著。不过，科学技术同样有其弊端与限制性因素。

在目前的教育环境和教学技术中，移动设备和现实教学之间的距离越来越小，已经向着有机结合的方向不断发展，但实际上在这一过程中仍存在着许多问题和困扰。这些情况都需要获得相关人士的广泛关注，需要教育工作者们以客观的角度和平稳的心态来理清思路并进行深入、系统性的分析，之后再寻求将学科技术切实地应用于教学过程、推动教学进步的举措。那么，iPad作为一种移动设备，其具有哪些显著和内在的特征？如果它被真正投入现实的教学应用中，那么就目前的技术条件和教学环境来说，是否还存在一些问题？要想将平板电脑这样先进的移动设备全面地普及和应用在教学实践中，就应当先拥有过硬的技术条件和资源支持，其中之一就是为校园内部网络提供功能强大、作为有力支持的后台，这就是当下经常提及的"云"的概念。一旦有了性能强大的内部校园网"云"的支持，就可以在教学实践中充分发挥移动设备的先进作用。因为任何计算都是基于"云"端的，学生拥有的移动设备和教师用来完成办公任务的设备本质上都只是由"云"端计算产生的外向化的图像或声音信息。一旦新式的、含"云"的校园网在教育领域全面建成，则按照现阶段规划，对移动设备进行采纳与应用的教学应当首先在特殊教室内进行，这就是所谓的"移动教学"。在教职员工们逐渐对移动设备形成固有需要后，再将设备与技术推广至所有教室。这一举措落实后，教室便不再等同于目前的多媒体教室。多媒体教室除去投影仪外，还有电脑、控制台、数据线等各种繁杂的设施。但实现移动教学后，教师在进行教学时需要携带的设备也仅是一部平板电脑或智能手机。这些移动设备在获得"云"后台作为技术支持的前提下，可以顺利并全面地完成当下教师所了解的各种电脑功能和作用，并能够将移动设备的新增功能应用在教学中，建构出前景广阔的移动教学发展未来。

（二）资源开发模式的构建

SMS短信形式、WAP教育站点、基于移动终端的教育软件、移动式存储都是移动教学资源的常见外在形式。这些教学资源的开发技术种类繁多，其中比较经典的包括WAP、Flash lite和在特定操作系统的基础上研发的技术（如Symbian）。任何开发技术都有自身固有的优点和缺点，因此开发者在实际开发过程中可以根据客户的需求来选择开发的平台。在当下的教学环境中，主要包含以下三个方面的集中性移动教学资源建设：第一，信息服务的资源建设。短信息相关服务作为一种通信交流的主要快捷手段，已经在当下的教育领域得到了较大规模的推广和应用，并且得到了使用者的一致好评。短信息因为在使用上具有相当的广泛性，因此有一部分研究者也试图将其运用在实际的学习和授课过程中。例如，有些英国高校在校园内基于短信息服务建构了一套完整的英语学习系统，这套系统在网络的基础上建立起了一种能够自动回复多项选择题的短信息测试程序。在测试中，被测者要以短信息的形式应答教材中给出的测试题，在问答过程结束之后，学习者除了可以接收到系统给出的反馈信息外，还可以及时查看下节课的主题信息和应当在课前浏览并熟悉的网站信息。第二，WAP 教育站点的资源建设。当前移动教学研究领域中的另外一个重要方向就是 WAP 教育站点的构建。学生在学习时借助移动教学终端，经由电信的网关接入互联网，利用 WAP 协议对教学服务器实时访问，并进行浏览、查询、实时交互等环节。整个过程和一般的互联网用户十分相似，这就是建立在 WAP 教育站点基础之上的移动教学。有英国专家分析了欧洲 16~24 岁青年人的学习特点，根据研究结果研发并建立了一种对移动教学予以支持的 WAP 教育站点。为了适应这一年龄段青年人的喜好和取向，使青年群体能够长期保持对于移动教学的兴趣，研究人员十分看重学习资源的建设，在研发站点时尽可能地选用与学习者的实际生活与工作内容接近，同时又紧跟流行话题、不至于落后于时代的主题作为学习内容。第三，终身学习、PBL（问题式学习）和协作学习的资源建设。如今，在学校教育中获取的知识和技能已经无法满足学习和工作的需求，学生要想顺应时代发展的潮流、把握未来社会发展趋势，就要具有终身学习的理念。针对学习者的这一需求，教育和科研工作者可以把移动技术和设备投入终身学习的实践当中。例如，医学专业的学生会定期进行 PBL 学习，在此期间需要离开校园，进入真实的医院环境接受专业实习，而移动设备就可以在这些医学生开展实习的过程中有效地起到辅助其解决难题的作用。当学生在实操时遇到了某种棘手的疑难病症时，就可以借助 PDA 或 WAP、手机通过远程服务器查找相关资料，之后通过资料给出的信息和提示合理地判断病症。

尽管就目前的教学实践来看，上述的各种移动教学资源开发模式的构建与研究都取得了显著的成效，但移动教学资源的全面应用仍面临许多亟待解决的问题，还没有研究者能够提出并实践较为系统且全面的移动教学资源开发模式，这是一个值得学术界和教育界共同关注的问题。

（三）资源有效应用模式

任何基础性的学习结构在被构思、组建、落实和改进学习效果时，都应当以简化的形式建立在一定的学习理论和学习经验基础之上，这就是所谓的"学习模式"。移动教学资源有效应用模式的构建有三个主要的维度：知识传递—情境认知、个人学习—协作学习、正式学习—非正式学习。这几个不同的方面是应用模式阐释中不可缺少的环节。

移动教学也具有三种应用模式，分别为以手机短消息为基础的知识传递学习、以移动互联网为基础的情境学习和以校园无线网络为基础的协同性辅助学习。

除此之外，移动教学还包含五则实用性策略：以 PDA 为载体开展的移动教学；以智能手机为载体开展的移动教学；基于移动电话功能全面利用开展的移动教学；采用与智能手机和移动电话相适应的课程材料；在教学中引进新一代移动通信技术。

全面建设移动教学的应用模式可以对移动教学在教育中的应用起到十分重要的意义，尽管现阶段许多教育和技术领域的专家学者都在就这一问题进行研究并取得了一定的成果，但是，相较现实中的研究情况而言，移动教学应用模式的补充和完善程度依然不足，仍然遗留了许多有待解决的问题。

（四）移动教学的发展趋势

1. 技术方面

移动通信技术、互联网技术以及人工智能等领域的技术发展都能体现出移动教学技术的变迁与进步。

2. 功能方面

移动教学可以以多种类型的短消息（如文字、图片、声音及影像等）形式来满足学习者同教学服务器抑或是不同的学习者彼此之间交流互动的需求，这就是多媒体短消息功能的具体内涵。无线接口技术的大发展方向是更高带宽和更大容量，而移动电子邮件的功能也在日益强化和拓展。网络用户可以借助网络的带宽优势来充分应用与拓展音视频的点播功能，新一代移动通信技术可以十分便捷地实现从文字点播及图片点播向音视频点播的过渡。此外，无线网 WAP 的浏览下载功能也可以借助新一代移动通信技术的支持来实现更加良好的兼容，WWW Consortium（W3C）等可以作为内容标记语言得到支持，同时 CSS 也能够得到应用，这就大大增强了内容的表现力。

第三节 高校外语混合式教学

一、混合式教学概述

混合式教学结合了传统教学和网络教学双方的优势，在近几年的教育领域内越来越受到国内外各大高校的关注。混合式教学具有十分明显的优缺点。应该说，混合式教学作为一种教学方法或教学理论并不是新生事物，之所以在近期才受到广泛关注，是因为受到教育信息化进程的影响。对信息化教学的广泛和深入探究使混合式教学逐渐获得了越来越多的关注。

（一）混合式教学的基础

现代信息技术的高速发展推动着高等教育信息化的进程，并且正以惊人的力量对大学生的学习方式产生影响。在当下的信息技术和教育领域，第一轮研究与实践的热潮已经逐渐消退，相关人士的热情也慢慢冷却，逐步归于较为理性冷静的状态。在线学习的方式虽然具有充足多样的多媒体资源、方便快捷的交流沟通、友好充分的互动等网络互动环境特有的优势，但仍然无法彻底替代传统的教师课堂教学模式，主要原因在于教师深度参与的缺失，因此难以达到理想的教学和学习效果。信息化教学领域内受到广泛关注并有待解决的主要问题就在于如何在在线学习中充分彰显学习主体的主动参与性，以及如何充分发挥教育工作者或学术研究人员在学习过程中的引导作用、品格感召、学习与研究方法渗透的优势。而混合式教学这一概念就是基于这样的全局性背景产生并发展的。真正的混合式教学应当能够实现传统学习方式的优势与网络化学习的优势的有机结合，而这就对教师与学生双方都提出了较高层次的要求。其中教师需要在课堂教学中充分发挥引导、启示、监督教学过程的引领性作用，而学生作为学习过程的主体，需要全面发挥自身的积极性、主动性和创造能力。综上所述，混合式教学可以被视作对学习理念的一种提升，这种提升能够促进全体学生认知方式的革新，为此，教师也必须采用创新性的教学模式和教学策略，扮演有别于传统模式中的角色。这种革新涉及的范围并不局限于教育的外在形式，更在于对学生需求的分析、对课堂教学内容和实际教学环境的考量。基于上述因素，充分发挥在线教学和课堂教学的优势，达到互补的效果，从而提升学生的课堂认知效率。混合式教学主要强调的方向在于在合适的时间点和时间段采用适宜的教学技术，以达到最为理想的学习目标。

1. 融合的学习理论指导

教学设计的相关理论需要建立在学习理论的基础之上。因此，在进行混合式教学的教学设计时，应当考虑到实际情况的不同，并对不同的方式进行有选择的应用。自20世纪50年代至今，我国主流和有限范围内的学习理论经历了漫长而复杂的演变过程，从最初的行为主义、认知主义发展到了建构主义。如果用哲学的眼光来看待这些理论，则可以认为认知主义和行为主义所占有的立场隶属客观主义。客观主义的核心观点是：世界本质上由客观事物及其特征，以及不同事物之间彼此的关系构成。人们脑海中的"知识"则是由对客观事物及其之间关系的共同认识所组成。而通过教学这一方式，知识可以有效地迁移到每个人的大脑之中。教学的目的就在于此，通过最为有效的方式实现知识向学习者的传授和迁移。认知主义学习理论不同于其他教学理论的方面就在于它更加强调学生在学习过程中作为认知这一行为主体的作用，认为教学不仅应当给予外部刺激（条件）与外在的反应（行为）以足够的重视，还要及时关注并利用内部心理的变化，即外在条件和内在条件都要参与学习的过程。科学的教学应当通过设置合适的外部条件来改变和推动学习者内在心理过程的变化。

明显的目标性是基于行为主义学习理论的教学最为突出的优势之一。但基于行为主义学习理论的教学模式同样存在限制性和弊端，其中主要的一点就是在这样的学习模式之下，学生虽是学习的主体，但自始至终处在被动地接受知识的状态，没有真正发挥自身的主观能动性和学习积极性。这样一来，学生应有的创造力和个体心理就受到了严重的影响。因此，如果外在的刺激条件不符合学生原有的知识储备、认知结构和课前预备状态，那么课堂知识的传输效率将受到很大影响。而基于认知主义的教学则更加看重实际教学过程当中学生的心理状态和认知方式，这种教学理论的主要优势也正在于这一方面。落实基于认知主义的教学方法，可以更加充分地选取并组织教学的内容，使其与学生既成的固定认知结构更加相符，从而提高教学效率。当受到统一的教学目标的号召和指定，学生能够通过学习达到基本一致的知识和认知结构，这样有利于教师更加方便地进行针对学生群体的管理和评定,也可以有效地激励和发挥学生自身在学习中的主动性与积极性。但是划定统一教学目标的教学模式同样存在弊端,其中之一就是过于统一的教学任务并不一定符合每个学生自身的个性,难以成为符合个体的最为理想的发展模式。总而言之,统一的学习方式不一定对每个人而言都是最佳的学习方式。此外,如果学生要掌握的是更为高级的技能、更为复杂深入的学说以及自主解决问题的能力和创造力,那么仅仅基于认知主义学习理论的教学会显得十分吃力,难以达成教学任务。

从本质上来说,学习理论无论是基于行为主义还是基于认知主义,都会将知识的教授和迁移放在核心地位,也就是"教学"这一过程中"教"的环节。"教"的基本内容就是教育工作者研究自己如何妥善准备教学内容并向学生有效传递,但极少甚至从未考虑过学生应该"如何学"。这两种学习理论有一项共同的优点,就是二者都有助于教师充分发挥自身在课堂上的主导作用,并较为顺利地按照既定的教学目标要求来安排课堂内容和教学流程。但是二者也有相似的缺陷,就是如果完全按照这种理论构建下的教学系统进行教育,则难以真正激发和体现学生自身的积极性和主动性,学生应有的创造力会受到极大的限制,其在认知过程中的主体作用也难以得到发挥。

2. 建构性的学习环境支持

学习环境即"教学或其过程"这一观点十分鲜明地体现了建构主义倾向下的教学理论对于知识和教学的辨析。在客观主义理论中,"知识"是一种客观存在的实物或状态,所以,也可以将教学理解为对客观知识进行传递的过程。而在建构主义理论中,知识被定义为个体基于已有的经验,借助自身同外在环境的往来来实现认知和意义组建的过程。所以,在持建构主义观点的人的眼中,教学过程的本质是学习者充分利用外在环境中丰富的工具和资源条件为自身的认知和理解能力构建框架的过程,"教学即学习环境"的理解也由此而来。

基于建构主义理论形成的学习环境有助于学习者更加顺利并且最大范围和程度地获取建构工具。学生可以借助获取的建构工具和周边环境的促进作用来实现个人认识和意义的建立,并同其他学生进行彼此之间必要的沟通,在这样的前提下,教师在建构主义学习环境中所扮演角色的主要任务就是开发适宜的教学环境,并使学生能够充分地参与其中,然后协助其全面科学地建构起认知和理解的思维系统。其中建构主义学习环境可以具象地体现出情景、建构、合作和交流的原则。学生处在建构主义学习环境中时，会以自己的理解能力参与知识的建构过程。而这一过程同样对多个个体之间的有效合作提出了要求。学习需要在内容足够丰富的情境中才能实现，学生可以借助同他人的交流来对自身已有的认知和理解进行反思，从而达到查漏补缺、全面提升的学习效果。

情景的具体内涵涉及现实世界的环境，具有种种特点。这些特点包括物理和文化意义上的特征、社会定义下的特征等。它们应当被尽可能还原地反映在学生学习的环境之中。

知识的建构需要基于一定的情境。学生要在适当的场合和语境中才能实现有积极作用的连接并得到反思过程的结果，这个过程所生产的知识主要来自学生的大脑，本质上是有独立思考能力的个体从情境中汲取的经验以及对所处情境进行主观解释的结果。当然，学生同样可以在学习环境之外的现实世界环境中获取类似或一致的经验。但要想真正实现具有建构性的学习，作为学习主体的个体或团体必须处于能够按照自身的体验来完成对自发认识和理解的建构的情况下，而非按照传统模式单纯地接受并记忆教师对既有体验的定义和辨析。

完整的学习过程自始至终都包含着学习者之间的必要合作。学习主体之间进行有效的合作可以促进每个参与主体的发展，并对学习情境中产生的各种认知与理解进行测验和判定，还有助于培养和提升学习主体的人际交流技能。

要想进行有效的合作，必须以通畅的交流作为基础手段。在学习过程中，任何个人和小组都需要在实施解决问题计划的行为开始之前协商和分析现定的计划。计划必须包括对已知内容的回顾和对所需内容的思考，任何计划都需要接受可操作性和时效性方面的检验，以及这些计划可能带来的所有收益和风险。意义的构建离不开个体和群体之间的交流，所以语言可以说是绝大多数人获取知识的必要媒介与手段。

建构主义学习环境的主要特点包括真实的学习情景、通过协作完成的学习过程、注重对学习过程中遇到的问题的分析和解决。任何学习环境都会对技术提出一定的要求，从而为学习者营造适宜学习和方便操作的环境。在建构主义学习的趋势之下，计算机以及信息领域的技术就展现出了其他物质条件不可替代的重要作用。建构性学习环境所包含的主要基本要素为信息资源、认知工具和自主学习策略。需要指出的是，建构主义学习理论所采用的哲学立场并不是绝对客观的，它认为每个学习的主体都经历着不尽相似、各有分别的认知过程，而教育工作者并不一定能够遇见学习的结果。所以，教学的真实目的在于促进学生自觉自发学习，而绝非对学生的学习过程进行控制和干预。建构主义学习理论并不强调设计特定的教学方法对学生的学习进行掌控，使学生达成与预期相同的教学目标，而是更加看重安排适合学生的知识与认识框架建构的学习环境，将学生置于学习的中心地位，推动形成知识获得的合作和沟通。这种学习模式不仅会使学生由被动承受外来刺激和接受知识灌输的被动方转变成为加工信息和主动构建知识意义的倡导者，还促使教师由原先知识的传递者和灌输者转向协助学生主动构建知识意义的辅助地位。此时的教师处于一种广义上的学习环境，不是刻板模式下的传道者。综上所述，建构主义学习环境下对教师和学生的地位以及双方的作用都进行了大幅度的变更，对传统的教学提出了全方位的挑战。这也就意味着教师在实施建构主义教学实践时，应当将革新性的教学模式投入教学过程中使用，即全面摒弃固有的将教师作为课堂中心、一味进行知识传授，学生只能作为知识灌输对象的传统教学模式，在教学方法和课堂设计思维方面都体现出全新的理念。

（二）混合式教学的实施模式

以网络教学平台和教育教学资源库为主的网络教学环境能够有力而长效地支持混合式教学，并拓展教师的教学行为，使学习不再局限于课堂范围和课堂时间，而是延伸至课堂之外。学生不仅可以在例行的课堂环境中学习，还可以在各种能接触网络的地方学习，如公共图书馆和学生宿舍等，甚至于实现"在家学习"。这些实例都是混合式教学能够极大地提升学生的学习效率和学习成果的体现。建立在网络教学平台以及强大的教育教学资源库基础之上的混合式教学不仅有助于教师在授课过程当中发挥自身的主导作用，还能使学生真正作为学习的主体发挥其主观能动性和创造力。网络教学所提供的丰富教学资源能够协助教师更加顺利地开展课堂教学活动，使授课内容和授课形式更加充实，而学生则可以在课下借助网络教学资源和网络交流工具实现更加深入的学习和交流讨论。

基于网络环境实行的混合式教学所包含的基本环节共有四个，分别是建构性学习环境设计、课堂教学、在线教学和发展性教学评价。下面着重介绍前两个环节。

1. 建构性学习环境设计

（1）平台的选择

在现阶段我国的高校教育教学中，已有超过八成的高等学校具备了设施条件足够先进、教学功能足够完善的校园网络系统，此外还借助 CERNET 和 CHINANET 接入了国际互联网。现有的传统学校教育及网络教育都在教育信息化建设全面推进的背景下获得了更加优越的网络环境和网络条件，得到了长足的发展。不过，教育教学要做的应当远不止单纯的教学内容的发布，还应当更多地渗透至对教学交互的支持、对教学成果的评判以及日常性和系统性的教学管理中。上述关于教学的三个方面都是在教学质量保障和提升中不可缺少的关键环节。虽然从网络渠道获取的教学资源种类多样、内容丰富，且师生可以通过网络进行即时的沟通与交流，但是这些通过网络平台和网络技术实现的功能相较系统的教学而言过于分散，难以真正落实教学的开展和对学生的管理，所以教师就需要一个功能足够全面和强大的网络教学平台来实行混合式教学的实践。该教学平台需要包含的内容和功能有教学内容的发布和处理、实施课堂教学、在线教学互动和教学成果评价、以一定项目为基础的合作式学习、发展性的教学评价以及再现教学管理等，这样才能达到混合式教学的全部要求，实现混合式教学的目标。当下在我国高校教育领域内较为通用的公共网络教学平台包括学堂在线、中国大学 MOOC（慕课）、中国高校外语慕课平台、网易公开课、超星等，国外则有 WebCT、Blackboard、edX、Coursera 等。

（2）网络课程设计与开发

教师如果想要切实达成混合式教学的目标，就必须先安排目标足够明确和结构足够科学的教学内容，然后基于上述内容有序地开展教学活动。教师在涉及和安排具体的课程教学内容时可以借助教育教学资源库，从中获得充足和丰富的教学素材与资源，尤其是作为教学范例展示的精品网络课程，其中的内容可以为教师的课程内容设计提供十分具有价值的参考。教师可以根据所展示的教学范例，采用其中与自身情况符合的部分，应用在自己的教学实践中。当下，有一部分受到广泛运用的网络教学平台均符合国际上对网络教育资源提出的标准，而这类标准可以被教师或相关网络技术人员作为参照项目，本着以学习主体为对象的理念和方案来设计和运行网络课程。而在对学习对象较有针对性的网络平台中，

E-Learning 所提供的学习资源具有便于获取和管理、可重复利用、高频次更新、能满足各种学习者的需求以及可实现跨平台使用等优势，因此也能在资源共享这一问题上提供有效的解决方案。

教师可以通过网络教学平台对教学内容进行组织、分解、替换和修改等，也可以在网络教学平台的基础之上实现在线备课。

（3）课程资源的收集与整理

在网络环境中实施的混合式教学需要以高质量、多样化的课程资源为基础。课程内容可以说是在实现教学目标的过程中必须应用于课堂之中、同时辅助教师教学和学生学习的教育资源，而课程资源则可以被定义为协助教师在传授课程内容时实现教学目标而服务于学生学习的拓展性资源。课程内容的组成部分一般包括一些讲解性质的内容和与教学方向交互的内容。这些部分内部都存在一定的逻辑关系，它们共同形成完整的网络课程体系。课程资源的形式则呈现出类型众多的复合性特征，可能是图形、图像、音频、视频、动画、文案等，可以共同参与多媒体教学微课件的编排和制作。教育资源既可以以内容呈现和课程讲解为主要形式与途径，也可以用来对教学成果进行评价，如试题、问卷、测试程序等，还可以以学习内容拓展发散的文献目录索引形式呈现。总而言之，课程资源的设计与网络课程的设计从整体框架到个中细节都十分相似，并且都能在网络教学平台这一基础上付诸实践。

（4）教学活动的选择与设计

教学活动主要服务于教学的深入开展，其主要落实手段包括设计一些供学生探究和解决的问题、组织小组共同开展问题探讨和交流、解惑学习过程中常见的问题、人工智能在线解答、自测方案设计等。教学活动的开展需要遵循已明确的课程目标、教学内容和适合的呈现方式，还要时刻跟随教学开展的进度，使教学活动的针对性更强，内容的选择和设计的目标性更加明确，也就是符合每个教学章节中具体的知识点，并与之产生较强的联系性。为学生构建有代入感的学习情境是教学活动的一大主要作用，基于这一意义，师生与生生之间的交流和互动都能得到有效促进，由此也可以看出合适的教学策略对教学活动的顺利展开发挥的关键作用。

2.课堂教学的实施

传统的课堂教学存在许多由"单一性"产生的劣势，如其存在形式和教学内容等，而网络技术就可以在很大程度上弥补这类缺陷。借助网络开设的课程、通过网络渠道获取的拓展性资源以及在网络平台上开展的各类教学活动都具有形式和内容上的丰富性。

在进行课程教学之前，教师必须进行的准备工作是将课程中完整的教学计划和不同教学阶段的计划安排都在网络教学平台上公布，这样做的目的在于使学生能顺利开展预习工作，在课程开始之前对教学内容有基础性的了解和掌握。教学计划应包含五个方面的内容，即教学目标、教学内容、教学方式、教学活动组织和教学评价方式。

在线教学对学生的主动参与提出了一定的要求。教师可以借助在课堂上讨论网络热门议题的形式吸引学生的兴趣，并给表现积极的学生以肯定和赞扬，和学生建立起情感互动的关系，这样能够鼓励和维持学生在网络平台中持续参与和讨论的积极性，此外也可以作为一种完善机制对在线教学的缺失之处进行补充。

要使学生较为高效地掌握教学内容的知识结构，教师可以采取集中讲授课程中重点内容的教学方式。教师在课前设计好与教学内容相对应的网络课程教学模板，并将其投入课堂教学。网络课程就可以将教师精心选择和安排的多媒体课件集中在同一个框架中，给予学生多重感官的刺激，从而促进学生理解力和记忆力的提升。在现有的教学内容当中，有许多方面都可以借助多媒体工具来让学生更加清晰和快速地记忆单词、语法、情景对话、具有重大意义的历史事件的时间及经过等。相关视频或用 flash 软件制作的二维、三维动画都可以使这些内容更加直接而全面地向学生呈现。

二、混合式教学模式下外语教学面临的机遇与挑战

（一）混合式教学模式下外语教学面临的机遇

经济全球化的趋势促使世界各国对教育的信息化发展投入更多的关注和努力。现阶段，我国教育工作者若想解决教育领域内的发展难题，就应当从多个角度衡量我国教育的发展方向，从我国的教育实情出发，将教育改革和教育创新落

到实处，实现二者之间的统筹规划。而要想推进高等教育的改革和教学质量的提升，就必须借助高等教育信息化这一途径。在多元化的社会环境中，对高效教学模式的转型逐渐成为一项重要任务。许多新型的教学技术、方法和观念都会将高校作为主要的教学试验场合进行实践。教育改革背景下的教师应当从多个角度来考量信息化对自身提出的要求和对教学环境的要求，对传统的教学模式进行全方位的革新，使教学环境不断趋于现代化和科学化，从而实现高校教学模式向混合式教学模式的成功转型。

（二）混合式教学模式下外语教学面临的挑战

教育理念随着教育信息化的大趋势而不断更新和改变，无论是教师还是学生，都需要对传统的师生关系和灌输式课堂进行重新考量，以顺应当下教育界对个性化教育提出的要求。虽然传统的课堂教学模式可以使师生面对面交流，但其固有问题就在于教学模式的死板和师生间情感交流的缺乏。而在线教育虽然可以克服以上问题，促进师生间的良性互动，但又容易导致课业监管难以开展、学生自主性过高等问题的发生。混合式教学模式对教师和学生均提出了重视教学过程和最终效果的要求。就教师的任务和角色而言，高校教师需要对自身的角色进行充分扩展，担负起学生的引领者、课堂的开发者等职责。而对学生来说，不仅应当在校园内扮演好学习者的角色，还需要通过互联网获取足够的学习资源，对自身的学习进度进行合理的安排和调节，从而在课堂的学习环节中同教师进行有效率的交流和互动。学生一旦完成了学习目标，就可以与班级内的其他同学进行沟通和交流，获得有价值的反馈信息，对个人的学习心得予以整合归纳。在面对一些较为复杂、难以处理的学习问题时，可以向教师请教，与教师一同分析和探讨。教学理念的核心将不再是"师生两立观"，而是逐渐转向打造"师生共同体"。所以，适当弱化教师的权威和强调学生的主体与意识都是教学改革必须落实的问题，而混合式教学模式的应用可为教学改革创造有利条件，促进教师现有教育理念的变革与创新。

三、混合式教学模式下外语教学开展的策略

（一）完善混合式教学保障体系

1. 完善管理方案

如果对与混合式教学模式有关的政策进行系统性分析，我们就可以发现，已经有正规文件对线上课程的开放教学提出了明确的要求，但是这些要求并未全部落实和完善在线下课堂的实质性教学政策之中。而线下课堂的教学效果直接关系到高校外语混合式课堂教学的质量，因此必须对线上和线下的教学同时予以有力的政策保障，才能完成高校外语混合式教学的全面实践。

高校外语混合式的团队整合是教学的重要环节，可以组织各类教职人员共同建立教学团队，推进混合式教学的协同性发展。为了满足高校外语教学对教师专业素养的要求，可以根据每个教师情况的不同合理安排和划分线上线下的教学任务。

2. 建立激励政策

为推动高校外语专业混合式教学的改革进度，可以根据教学团队的工作任务和总工作量、线上与线下课堂教学开展的不同要求等建立相应的激励机制，对教师的外语课程深度研究提出适当的要求，形成系统性的教学理论和实践成果。相关调查证实，一些采用混合式教学模式的高校教师和助教都承担着较为繁重的教学任务，所以针对这些教职人员制定的激励政策应当有别于其他的教学成员。

（二）培养教师的混合式教学能力

1. 积极转变教学观念

高校教师需要使自身的教学理念紧随新时代的教育改革潮流，在课堂教学中充分应用混合式教学模式，使外语教学课堂更加适应学生的认知规律，提高课堂教学效率。但是就目前的高校外语课堂教学情况来看，仍有一部分教师对新型的教学模式存在怀疑心理。这就需要高校外语教师以发展、辩证的眼光来看待整个教学过程以及混合式教学的理念，充分认识混合式教学模式相较传统教学模式的优势所在。

2. 培养混合式教学能力

高校外语教师团队中的一部分教职人员的教学理念和教学能力仍处在较为落后的状态，较难接受和掌握现代教学技术和教学设备。因此，在全面落实和推广混合式教学模式的实践过程当中，高校外语教师团队的混合式教学能力必须事先得到充分的培训与巩固。高校可以通过教师动员会等形式来解决在线上平台开展教学和通过线上课堂进行沟通交流时遇到的各种现实问题，使自身的教学理念、教学能力等满足混合式教学模式的需要。

(三) 提升学生的学习主动性

1. 激励学生形成自主学习思维

教师应当意识到自身在高校外语课堂中所要发挥的作用主要在于对学生进行引导、协助和督促，不能忽视学生是整个教学过程中的中心因素和主动学习者。《思想政治教育学原理》中提到人的思想品德的形成建立在一定的心理因素之上，心理因素对人的思想品德起着十分重要的塑造作用，而一个人的思想品德又会受到周边社会环境以及自身固有的主观能动性的影响，是多种因素共同影响的结果。所以，高校外语的混合式教学模式需要高度重视对学生自主学习观念的培养。在长期的传统灌输式教学模式的影响和管束下，许多学生已经养成了被动学习的观念和习惯，这会对教学成效产生较为明显的不利影响。学生的学习内容必须包含一定可以进行自主安排的知识，从而养成主观学习的意识，这是高校教学必须实现的目标之一。但是，这种观念并不是仅凭外语课堂教学就能够实现的，而是与学生所处的学习环境有着直接的联系，要在学校整体的学习氛围和文化环境中逐渐养成。所以，高校整体以及每个教育工作人员都应当高度重视学生自主学习意识的塑造和培养，充分地激发学生自主学习的能动性，将高校整体的教学氛围往积极向上的方面引导。混合式教学在高校中的顺利开展离不开学生自主学习思维的养成和应用。在高校外语课堂教学的实践当中，教师应当将不同学生的发展认知作为安排合理的教学目标和鼓励的依据，课堂教学中每一个微小的、阶段性和局部性的目标都可以对完成最终课堂教学的大目标产生贡献作用。教师在完整的教学过程中需要在保证自身领导性作用发挥的同时注意维持师生关系，与学生建立紧密而不失自然的联系，基于尊重学生的态度进行平等的沟通和交流，从而使师生互动真实有效。

2. 培养学生解决问题的能力，提升学生信息素养

一个人处于信息时代的社会大环境下，其对所处环境的适应能力可以说是信息素养的一种体现。必要的信息素养是当今时代发展对复合型人才提出的基本要求。这一点同样体现在各大高校的外语课堂教学之中，外语教师需要引导学生形成稳固的自主管理能力和自主解决问题能力，这就是信息素养在外语教学中的具体意义。在传统的课堂模式管理下，有相当一部分学生已经在学习时养成了遇难则退，或者面对难题不懂得独立思考、直接向教师求助的不良习惯，他们自主解决问题的能力较为落后。高校外语课堂的作用和任务不仅仅在于知识的传授，还在于培养学生的学习习惯和学习能力、促使学生树立起积极正确的人生价值观和努力取向。因此，教师在课程教学的过程中，不仅要完成例行的教学任务，更要看重塑造和培养学生自行解决问题的意识和能力，充分发展学生的信息素养，这样才能使学生在日后长久的学习过程，乃至终身学习的历程中具备自主独立意识和理论基础。在实践混合式教学模式时，学生的个人学习状态和周边的学习环境等因素都不会影响线上教学课程，只是在时间上有一定的限制性要求。学生应当从自身的真实学习能力出发，对网络课程的学习进度进行合理的安排和计划，培养以自己的能力解决学习过程中遇到各种难题的习惯，对学习时间进行科学合理的规划，并确保学习计划的系统性和完整性，这样才能保证外语学习的质量和效率。根据教育领域内的一系列相关调查结果显示，有些学生在目前实施的外语混合式教学过程中，会在考试结束后以各种理由提出延长学年的申请，更有甚者会直接跳过正规的请假程序，在教学软件中直接向任课教师提出请假等。还有一部分学生缺乏应对突发问题的能力，难以解决学习计划之外遇到的其他问题，这些都体现了他们信息素养的短缺。所以，高校外语课堂教学不仅需要向学生传授语言知识，完成最基础的语言知识学习任务，还应当引导学生养成自主思考问题的习惯，掌握自行解决问题的能力，从而使学生的信息素养得到塑造和提高，向培养复合型人才的目标更进一步，适应信息时代社会发展和社会建设的需要。

第四节　高校外语多模态教学

一、多模态教学概述

（一）多模态理论

自 20 世纪 90 年代起，计算机与信息技术的快速发展为教学提供了新的工具与手段。与此同时，西方国家兴起的多模态研究影响了很多学科的发展方向。1996 年，新伦敦小组提出了多模态教学这一新概念，把多模态理论应用到了语言教学中。多模态指的是授课培训过程中输入与输出的信息来自多种模态，并且信息交流涉及多种感官的参与。多模态教学主张教师充分利用不同的社会符号模态，调动学生多种感官协同运作参与语言学习，利用人类语言以及各种非语言符号资源，如图像、声音、动作等，使学生的视觉、听觉、触觉等感官和认知技能受到多种模态的刺激，从而达到激发学生学习兴趣、提升学习效率的目的。同时在这一过程中逐渐提高学生的语言运用能力。在这一教学模式下，教师需要从实际的教学内容、教学环境、教学目标等基本性因素出发，选择和运用适合学生的学习水平与发展情况的学习方法，此外还要将这些方法科学地融入课堂营造的语言环境。教学方法的应用能对学生的语言理解能力与掌握程度产生十分深远的影响。在多模态课堂教学的环境中，教师可以借助多媒体技术来营造具有真实感和还原性的情境，激发和调动学生的听觉、视觉、触觉等多方面感官，让作为语言学习主体的学生融入目标语言切实的应用环境，从而使学生的外语输出与实用能力在课堂教学中得到全面提升。

1. 多模态话语理论

20 世纪 90 年代，西方国家许多语言学领域和教育学领域的学者基于批评话语分析的研究，结合一系列语言学和社会学理论（如社会符号学、系统功能语法和传统话语分析等），逐步发展出了多模态话语的分析理论。这一理论的主要观点是：语言是作为一种社会符号而存在，而另外的各种非语言符号，如图画、声乐、舞蹈、雕塑等，也是社会层面的意义表达的来源之一。各种非语言符号模态之间是彼此独立的关系，但也会相互产生作用，和语言符号一起营造社会意义。

非语言符号的存在可以视作一种对传统的、孤立研究语言文字自身的话语分析限制性的打破，它将针对话语本身的研究范围拓展到了语言之外的各种能够传达意义的模态符号领域，如色彩、图像、字体等，并密切关注不同模态符号在语段中发挥的作用。多模态话语理论诞生至今经历了20多年的发展，关于这项理论的分析和应用已经被广泛地投入各个学科的实践中，外语教学自然也包括在内，多模态话语的框架理论可以在外语教学中起到难以想象的积极作用。

多模态话语分析理论的基础主要是系统功能语言学理论，宏观来讲，它可以被划分为五个层面，即文化层面、语境层面、意义层面、形式层面和媒体层面。其中"文化"主要包括以外在形式存在并以文化为主的各类社会符号；"语境"指语言存在的场所，可分解为语场、语旨、语式；"意义"具体包含各种概念和人际意义，指的主要是话语意义构成的不同方面；"形式"主要包括话语各种模态的表意形体和语法之间的关系；"媒体"的主要意义是指话语以物质形态存在时的最终展示方式。

多模态话语可以同时运用多种不同的符号模态，对信息的输入方法和手段进行最大程度的丰富，从而达到强化学习者对教学内容记忆的效果。在进行多模态教学的实践时，教学工作者应当强调在教学过程中充分融入多种符号模态，如图像、语言、音乐、网络信息等。这样可以充分调动学生的不同感官，使其能够充分参与学习的过程，也可以促使学生在记忆词汇的同时产生更多相关方面的联想，由此实现对知识记忆效果的进一步强化。这种联想式的方法相比单纯的语言讲解能够产生更加深入的影响，可以对学习者的迅速记忆能力起到更明显的促进效果。多模态教学所运用的教学手段也更加多样化，包括网络教学、小组合作学习、联想学习、角色扮演等，而这些手段的主要目的都在于全面激发学习者的积极性和主动性，让其以更加饱满的状态投入教学互动环节，实现外语教学中对视、听、说、写、练结合的特殊要求，并逐渐培养和提升学生对于语言学习的兴趣。学生不仅可以通过自身对教学活动这一过程的主动参与和投入来发现新知识，还可以在师生之间的互动环节中掌握相当丰富的教学知识，通过日常性、趣味性强的练习，在潜移默化的过程中逐渐实现个人学习能力和听说能力的进步。可以说，将学生置于轻松、活跃且自主发挥空间充分的学习氛围中就是多模态话语理论的主要魅力所在。在这种教学模式下，学生可以有效地提升个人的学习成绩、强化学习能力。多种教学方法的有机结合和充分利用能够在很大程度上弥补传统的单一模态教学方式中可能出现的各种问题。

信息技术随着时代的发展而不断演变，多媒体教学设备也在这一过程中得到了大范围的普及和技术上的完善，各种教学机构的教学环境也因此得到了显著提升，这些条件都为多模态教学在课堂中的引进和应用创造了基础性的技术支持。虽然截至目前，国内现有的针对多模态话语的分析理论仅仅局限和应用于对语言教学的探讨，且处于初步探索阶段，但是我们有理由相信，国内对于多模态理论和外语教学实践研究的探索将进一步深入发展，多模态教学的相关理论也会不断趋于成熟和完善。作为一种全新的教学模式，多模态话语的普及和发展必定会为传统的外语课堂教学模式注入新的理念和前所未有的生机，它的发展规律与基本原则同语言学习的内在规律完全相符，对于基础性的外语词汇教学更会产生不可估量和难以取代的正面影响。因此，在可以预见的未来教学中，教师可以将更多样的教学方法与教学手段应用在课堂当中，对二者进行有机且科学的结合，而借助多种渠道、多种感官影响的多模态教学势必在我国今后的外语教学领域中成为全新的主流发展方向。

2. 多模态话语符号

多模态也称之为多符号，它的内涵是各种各样的符号资源，包括视觉（如图像、表格等）、语言、听觉、空间以及其他种种。有学术观点认为语言可以被视作一种社会符号系统，也就是一种表意系统。除此之外，其他独立于语言之外的表意系统，如图像、声音、舞蹈、雕塑等，都可以同语言一起实现一定的社会意义。

语言学、信息学及符号学领域的学者的普遍认知是，语言学定义内的多模态话语指的是人类运用不同的感官（听、说、触等）和各类手段、符号资源对交际活动进行的引导指挥行为。在一般的课堂教学环境中，教师与学生以及学生之间会进行常规性的话语交际，这些话语的通常意义往往会借助非语言因素来体现，如语言特征（语调、语音、语速及词句中的重音）、身体特征（手势、面部表情、身体运动）和非身体特征（板书、教具、实验室、多媒体器械和周边的教学环境因素）。而在现代教学的课堂环境中，师生之间和生生之间的交际不能再仅仅依靠单一的感官来实现，必须同时调动起多种不同的感官，如多媒体PPT能够同时触发学生视觉上和听觉上的反应，而模拟教学和课堂讲解则能刺激与锻炼学生的听觉和视觉。根据教育专家的研究结果和普遍认知，语言学定义下的多模态话语包含着对多种感官（听觉、触觉等）的应用，以不同的手段和符号资源来对交际活动进行指导。

3. 多模态话语教学

就其字面表征而言，多模态似乎是现代教学中的一种新现象，但实际上与多模态相关的理论已经在相当长的一段时间内为人们所广泛应用，涉及现实生活的方方面面。最简单的实例如中国古代诗词配画是图像和语言的结合，而在当代的课堂教学中，得到广泛运用的多媒体辅助教学则可以被视作多模态运用的又一表现。

（1）文字和印刷体式的运用

印刷体式是一个十分重要的信息传递媒介，其包含的具体内容有文章字体、文字间隔、段落缩进、版面设计、显示符号和图形等。其中，教师可以应用于课堂的形式是印刷体，这是一种能够有效促进学生理解与辨析的教学辅助手段。

（2）图片的运用

图片对学生的冲击、影响和吸引往往是十分直观的，能够即时从视觉方面收获学生的注意力，以此达到信息传递的目的。图片和文字的结合构建起了语篇的完整意义。所以，可以在教学过程中为学生出示内容多样的图片，并辅以计算机多媒体教学，达到更加优秀的教学效果。

（3）图表的运用

根据语篇素材，教师可以构建一定的图表或表格，从而让学生在处理篇幅较长、信息含量大的语篇材料时能够较为顺利且准确地掌握其中的内容。学者胡壮麟的观点是：这一过程涉及将符号资源转化为学生自己的声音，是以老材料发挥出新的意义。在内容烦琐的文字性材料和课文中，教师要想保障学生更容易和正确地理解文章，就可以将文字内容整理为图表的形式，从而使复杂冗长、内容杂乱繁多的材料以更加清楚明了的方式体现出来。一旦语言文字类信息以更加清晰的表格形式展现出来，学生就可以十分直观地理清文章的脉络并掌握文章的核心。

（4）现代多媒体的运用

就当下大多数教学机构的教学环境和教学条件而言，由于受到种种客观因素的限制，一般的外语课堂往往很难构建真正的外语交流语境，但是，如果借助多媒体技术，则可以在外语教学课堂中尽可能还原且忠实地塑造真实语境。教师可以采取结合多媒体教学平台的教学方法，如将语言文字与动画图片结合，或者在讲解过程中辅以音频、视频等要素，从而在课堂上充分调动学生的感官，提升教学的效率与质量。

（5）角色扮演

学者张德禄在其关于多模态外语课堂的分析中提到了五个主要教学目标类别。在这一论述中，技能训练型是将教学过程视作协助学生掌握技能的过程。张德禄认为，教师应当将实践活动有机融入技能训练型教学过程，从而促进协调教学气氛、增强学生的理解程度。教学的主要方面则涉及理解、联系和展示等。在多模态课堂的教学设计当中，教师除了可以教学生识别各种多模态符号，还能与学生配合进行角色扮演活动，通过肢体语言的表达来使学生主动并充分地投入对教学语篇的理解。这种教学方法的效果较之教师一个人进行的"独角戏"要优越许多。如果学生能够积极主动地参与多模态符号模式下的教学，不仅可以极大地活跃课堂气氛，还可以让教师在课堂设计中充当活动点评、知识补充和行为纠错的角色，让学生在实践活动中更加充分地领会语篇中包含的信息。

（6）其他模态符号

客观外在条件同样是外语教学中必须考虑的因素，如对触觉、嗅觉、味觉等模态进行实际应用。而虚拟课堂（如四维视频等）就是达成类似感官体验的方式之一。

现代语篇对多模态的依赖日益明显，可以说多模态已经逐渐在语言教学中占据了主导性地位。在现代的外语课堂教学中，师生间进行交流互动的途径并不再仅仅依托语言和文字，如画面、图表以及多媒体技术等都可以作为多模态课堂的构造成分。但是，在多模态的选择方面，一方面要基于现有的教学设施和课程设计既成方案，另一方面还要遵循"实现更优秀的教学效果"的准则，因此，教师要想全面激发学生的学习兴趣，引导学生自发自觉地参与并融入多模态的课堂，就应当充分考虑自身的真实条件，基于达成最理想教学效果的总原则，尽可能地选取最为合适的模态符号对教学方式和内容进行指导，这样有助于大幅度地提升授课质量和教学效率。如果要完善学生学习第二语言的体验、推进第二语言的习得过程，则教师可以充分发挥多模态教学的优势。

（二）多模态与多模态教学

目前，学术界就"模态"这一词语的基本概念提出了三种不同的观点。一是荷兰学者福塞维尔按照不同的感知过程来定义和解释的模态，即社会符号系统，例如文字符号、图像符号、手势手语、声音、味道、触感等；二是美国学者G.克瑞斯定义的"人类借助身体感官与外在环境之间建立的沟通交流形式"，有视觉模态、听觉模态、触觉模态、嗅觉模态、味觉模态等；三是"模态"在人机互动和人工智能领域中被定义为人体用来感受信息的交流模式或信息渠道。

模态的实现媒介不是单一的，可以借助一种或若干种媒介来完成。其中只借助单一模态的系统叫作单模态，借助一种以上模态的系统叫作多模态。需要强调的是多模态的概念不同于多媒体。多媒体更多的是与媒介、载体相关，而多模态则侧重于人的感官对外界事物的感知通道。当人获知信息的通道是单一的，即单模态，含有的感知渠道数量达到两种或两种以上的模态即双模态或多模态。

21世纪是信息技术高速、高质量发展的时代，在社会各个领域中，诸多新型的模态随着多媒体和高新技术的诞生和发展应运而生。可以说，当今社会背景下，普通人日常生活和正常交流的常态已经具有了极强的多模态特点。而所谓的多模态教学，就是基于多模态理论的指导，采用多种信息意义（如图像、语言、声音、动作等）构建起多模态系统，通过协同来实现更有效的交流方式和意义表达，同时引导学生通过多模态手段构建意义的教学模式。

教师在多模态教学的环境中不再仅扮演单一的知识传授者和PPT播放者的角色，而是同时担负起多模态的选择者、示例者和协作者的责任，在课堂的教学设计中应用多模态系统，基于网络学习平台构建多模态课程资源，从而使学生的感官潜能得到全面的调动，为学生营造多模态交互学习的环境，引导学生在课堂上对学习内容进行多模态的理解和多模态意义的建构。

现代科技的进步和多媒体技术的普及对语言学中话语的多模态化提出了新的要求。可以说，语言的这一特点已经成为现代话语的一项突出特征，越来越多的人认识到了话语多模态化的重要性。多模态理论的基础主要在于语言学中的系统功能学理论，即对各种语言交流与交际活动借助符号资源进行指导和辅助。所以，要想有效提升学生在课堂中的学习效率和教师的教学效果，就需要将多模态话语分析理论实际应用在课堂教学中，并采取合理有效的实践方式。当今，我国的国际竞争力不断加强，与国外的合作也与日俱增，社会对高素质外语人才的需求正不断扩大。对于这些外语人才而言，在其所涉足的对外事务、商贸、法律、文化、传媒、教育等领域中，都需要具备能在各个正规场合中运用规范的语篇结构、正式的语言以及富有表现力的言语进行介绍、说明、告知等公众交际能力。然而，我国高校的外语交际能力还存在不足，因主客观条件的制约，接受系统、专业的学习和训练机会非常有限。因此，作为发展高校学生语言综合运用能力的主要渠道之一，多模态教学正日益受到重视，既体现了大学外语教学改革的方向与精神，又成为培养学生国际视野、文化素养与创新能力的重要手段。

二、多模态外语教学实践

多模态教学模式一方面关注各种感官在学生对知识构建中的作用，另一方面强调图像、动作、视频、音频等视听、行为相结合的非语言文字符号模态在意义传递和构建中所发挥的作用。这种模式有助于唤起学生的学习热情，提升学生参与学习活动的积极性，并且实现了教学的语境化、交际化和生活化。

（一）多模态外语阅读教学实践

随着新媒体时代的不断发展，在外语的阅读教学中更重视多模态识读能力的培养。在新媒体时代，外语教学的特点和任务也发生了新的变化，教师可以采取批判性解读等辅助方法，借助各种不同的工具和符号来进行整合教学，目的是有效提高学生的多模态识读能力，并促进学生批判性思维和跨文化意识的形成。在外语阅读教学中，加强对学生多模态识读能力的锻炼和培养，有助于学生对外语文章产生更加深刻和全面的理解。总而言之，在外语阅读教学中，教师必须善于采用多层次的教学模式，才能满足学生的实际学习诉求。

1. 多模态识读能力的含义

1994年，美国、英国和澳大利亚的科学家首次提出了多模态识读能力这一概念。如今，全球经济迅速发展，科技水平日益提升，语言文化发展趋向多元化，通信渠道趋向多重性，为了适应这种变化，他们针对这一形势下外语教学的新发展展开讨论，正式提出了多模态识读能力的概念。

新媒体时代的到来使人类的生活发生了重大转变，同样也对教学和学习的方式造成了重要的影响，尤其是改变了传统的试读方式。空间、图像、声音等语言符号的地位不断被凸显出来，再加上传统的语言文字符号，一起在社会生活中发挥着重要的作用，对外语的内容、理念产生了重要的影响。多模态识读能力对学生的学习发展有着十分重要的作用。为了培养学生的这种能力，在外语阅读教学中，教师可以采取多元化教学手段，并充分利用现代信息技术的优势进行辅助教学，让学生在锻炼多模态识读能力的同时，也能使创造力和审美力得到提升。例如，在学生学习阅读某个句子时，教师可以借助多媒体工具，在句子旁边配上与句子相关的图画或者视频，将句子内容以更加直观、生动的形式呈现出来，从而让学生清楚地了解外语句子的实际含义，这同时也能使课堂氛围更加活跃，有利于保持学生的学习热情。通过对学生多模态识读能力的有效锻炼，可以使外语教学产生更好的效果。从学生的层面来说，培养学生的多模态识读能力，可以促进外语教学的发展。具体来说，所谓多模态识读能力，是指凭借外语阅读接触多种模态和媒体，并在此基础上促使学生掌握新的信息能力，可以见得，这种多模态识读能力是一个多层次的能力。

2.培养多模态识读能力的意义

传统的识读方式是存在一些缺陷的，已经不再适用于现代信息社会，所以个体需要根据时代特点和社会需求来提升自身的识读能力，而在外语阅读教学中，培养学生的多模态识读能力，正好可以弥补这种缺陷。传统识读方式的核心是语言文字，也就是说学生仅有文字这一条获取信息和知识的媒介，已经无法满足学生对信息的需求。而在外语阅读教学中，通过对学生多模态识读能力的培养，学生可以通过视觉图像、图画、声音和文字等多种媒介来获取信息，这有助于学生高效、广泛地学习知识和技能。

在外语阅读教学中，加强对学生多模态识读能力的培养，可以有效提升学生学习外语的积极性，也能加深学生对外语阅读的理解。在新媒体时代，很多外语阅读文章跟传统的文章不同，通常是由两个以上的符号组成，与单纯使用文字作为符号的语言相比，显然这种表达方式的范围更广。传统意义上的识读能力是指阅读的技能，而在现代外语教学中，识读能力则被赋予了新的含义，学生不仅要掌握基本的阅读技能，还要掌握通过多种媒介获取信息的能力，也就是多模态识读能力。在新的外语阅读中，通过对信息高效生动的传递，可以让学生的各个感官得到调动，激发学生的学习热情，让学生可以从多个角度出发来分析和理解外语阅读。外语阅读教学最主要的目的就是培养学生的语言交际能力和多种文化意识，而通过对学生多模态阅读能力的培养，可以引导学生了解多元文化，并对各种文化进行阐释和比较，同时有效提升学生的交际能力。

3. 培养多模态识读能力的方法

要想有效培养学生的多模态识读能力，在外语教学的过程中，就要采取多模态的教学方式。这种教学方式是信息时代课堂教学方式的新尝试，有助于激发学生的学习热情，培养学生的创造力，最终提升课堂教学效果。但是，要想让多模态教学模式真正发挥作用，作为教师，要综合考虑学生的学习背景、能力基础等实际情况，据此采取不同的多模态化教学方式，这样才能更有效地提升教学质量，让学生更好地掌握知识和技能。

在外语阅读教学中，可以通过以下四个步骤来实现对学生多模态阅读能力的培养，即情境操练、改造式操练、批判性框定和明确指导。作为外语教师，要明确学生的主体地位，转变自己的角色，要清楚自己所承担的是引导者的责任，也就是引导学生分辨不同的符号，获取新的知识和技能，还要引导学生了解多模态话语，选择合适的多模态材料，最终让学生掌握分辨多模态资源的能力。此外，要通过有效的手段，引导学生了解文字之外的模态，如图像和颜色等。让学生真正参与到构建意义的过程之中。教师要尽力提高自己的信息素养，充分利用网络技术和互联网资源，加强对学生批判性思维的锻炼，同时加强对学生跨文化意识的培养。

随着社会的发展和科技的进步，网络教学开始流行于各阶段的教学中，不仅给教师提供了各种崭新的教学手段，也给学生带来了新的学习体验，并且有效弥补了传统教学的很多不足。所谓网络教学，就是借助计算机技术和现代通信技术构成的多渠道、全方位、交互式的教学模式。如今，外语教学得到了现代信息技术的大力支持，在这样的背景下，外语阅读教学有着应用网络教学的巨大优势。教师可以将教学相关的资料上传到网络上，而学生可以通过网络获取这些资料，并根据自己的需求进行针对性、自主性学习，从而提升学习效率。

在外语阅读教学的过程中，教师可以有效运用多模态符号，借此唤起学生的学习热情，激发学生的创造性，从多个角度出发向学生传授知识，从而获得更好的教学效果。多模态教学模式下的外语阅读教学，注重的是综合使用动画、图片、文字、声音等多种符号，构建相应的阅读情境。多模态的教学方式能够加强学生对信息的了解、储存、感知和编码，通过自动化地使用语言进行输出，培养了学生的识读能力，帮助学生掌握外语阅读技巧，提高学生的外语阅读水平；逐步培养学生主动接受知识的能力，让学生有意识地培养自身语言学习的能力，帮助学生提高知识的记忆水平和学习水平，在提高学生识读能力的同时，也可以提高学生的口头表达能力和书面表达能力。

（二）多模态外语写作教学实践

外语写作涉及外语词汇及语法的掌握，所以外语写作体现着学生的知识水平、思维能力以及外语综合能力，正因如此，写作是高校外语教学的重要内容。在传统的外语写作教学中，教师占据课堂主体地位，以讲为主，在这样的课堂模式下，学生很难产生学习的热情，故而课堂参与度较低，学生很难掌握与写作相关的知识和技能，其综合素质也没有得到有效提升。随着社会信息化的发展，教学多媒体越来越普遍，在这样的背景下，越来越多的社会符号，如图像、声音、光线等，开始被大量用来构建和传达意义。而语言不再是唯一的交流媒介，而是交流的一种模态。近些年来，随着信息技术的发展，各种社会符号引起了学术界的关注，对这些社会符号怎样解读和利用成为主要的研究课题，正是在这样的背景下，多模态话语理论应运而生，并且得到了广泛的应用。在大学外语写作教学中，如果能够有效地运用多模态话语理论，便能有效激发学生的创造力，促进学生多元读写能力的提升，进而有效提高学生的外语写作水平。

1. 多模态话语理论应用

多模态话语自从产生以来，其理论研究逐渐深入，理论的应用范围也越来越大。有一些学者将多模态应用到了油画及建筑物解读上，分析了悉尼歌剧院建筑结构的意义，也有一些专家用多模态理论来解读静态图片，还有相关专家利用多模态话语分析理论，分析了英国《泰晤士报》上的一则多模态语篇，说明了语言符号与其他社会符号共同构建意义的过程。除此之外，多模态也在其他社会科学领域有所应用,如音乐和声音、数学符号、运动与手势、计算机科学、广告研究以及三维空间等。在教育领域,有学者分析了各种模态在多模态话语中的协同作用以及在外语教学中的体现;专家们还探讨了外语课堂教学中的设计及其对模态系统的调用和选择原则;有的专家讨论了多元读写研究的开始和多元读写的含义,重点说明了如何培养学生的多元读写能力。多模态也应用于外语听力教学和词汇教学等,但对外语写作教学的应用研究仍然不足。

2. 多模态写作教学模式

高校外语教学强调的是学生听、说、读、写、译全方位发展,其中外语写作最为复杂。外语写作能力也最能体现学生的知识水平、语言掌握以及逻辑思维能力。但是,在传统的外语写作教学中,教师基本采取"粉笔加黑板"的形式。在这种课堂形式中,老师以讲授为主,学生则被动接受,这种教学形式对学生而言是十分枯燥的,学生很难产生学习的动力,其写作水平也很难得到提升。并且,传统的写作教学一般只关注语言词汇和语法层面,致力于丰富学生的词汇积累和语法知识,而忽略了意义构建和逻辑思维的训练,以至于对学生综合能力的培养不尽如人意。在高校外语教学中,要合理应用多模态辅助教学,以有效激发学生的学习热情和创造力,丰富学生的知识储备,提高学生的写作能力。

(1)可行性分析

在多模态教学理念下,教师在课堂教学中要有效运用多媒体技术以及信息网络技术,综合使用文字、图像、声音等多种符号,使用视觉模态和听觉模态,充分调动学生的积极性,如在课堂上借助多媒体课件来和学生进行互动等。多模态教学是一种新型的教学模式,突破了传统教学以教师讲授为主的单一模式,强调通过多种教学手段来调动学生的感官,是一种全面而立体化的教学方法。因此,多模态教学模式符合教学的要求,是超文本思想的集中体现。随着现代科技的不断发展和进步,信息技术已经深入各个领域,发挥着十分重要的作用,特别是给教育行业注入了新的活力。为了更好地落实素质教育这一理念,很多高校建立了多媒体教室、语音教室等新的教学场所,并且大部分教室都配备了计算机、投影仪等多媒体设备,这对教师创新教学方法提供了强大的助力。另外,很多高校建立了校园局域网和数据库,有的还开通了在线学习平台,这为多模态教学提供了充足的条件。

（2）有效性分析

多模态教学有助于提升学生的多元读写能力。多元读写能力包含了传统意义上的读写能力，还包含"文化"识读和"技术"识读。所谓技术识读，也就是多模态识读，是指学习者能够识读包含视觉、听觉、空间、姿态以及现代信息网络时代的技术读写。随着社会多元化以及科技信息化的发展，作为个体仅仅具备传统的文字读写能力是远远不够的，特别是当代大学生，必须要具备多元读写能力，这样才能满足社会对人才提出的要求。而多模态教学在培养学生多元读写能力方面发挥着十分重要的作用。在高校外语写作教学中，教师可以利用多模态建立多元化话语，在课堂上利用图片、声音等非文字话语或者把文字与其他符号系统相结合，如视频等。目的是让学生进行多元语言解读，解析多模态话语中所含有的意义和传达的信息，进而引导学生利用多模态自主构建意义，表达自我。教师可以给学生布置制作电子报纸、音乐网站等任务，这不仅能够锻炼学生的写作能力，而且能够培养学生图像、声音、色彩等社会符号的读写能力，并有效提升学生的信息技术应用能力。除此之外，教师也可以组织学生进行作品展示，鼓励学生在展示自己文章的同时，配上插图或者音乐。由此可见，在多模态外语写作教学模式下，教师可以借助多模态话语来加强对学生多元识读能力的锻炼，也可以引导学生利用多模态话语及计算机技术自主进行知识与意义的构造，从而有效提升学生的多元读写能力，并促进学生自身综合素质的发展。

（3）对教学实践的启示

在外语写作教学中，要想真正发挥多模态教学的作用，教师要做好充分的课前准备。教师要综合考虑学生的真实水平和实际学习需求，以此来确定教学目标，并制订教学内容和教学计划，此外，还要大量收集相关的教学资料。但与此同时，还要注意不能被大量的多模态资源所淹没，导致教学偏离原本的目标。另外，教师在设计教学内容的时候要特别注意，语言和文字始终是主要模态，其他模态是辅助作用，不能过于重视图像、声音而忽略了文字。在教学过程中，教师要加强和学生的沟通，及时了解学生对知识的掌握情况，获取学生的反馈信息，并据此来调整教学策略。通过这种方式，才能有效激发学生的学习热情，促进学生写作能力的提升。

在实施多模态的写作教学中，教师要注意各种模态之间的相互协调。比如，在实际教学中，如果要使用两个或两个以上的模态，那么要确定一种模态为主模态，其他模态起到辅助或者强化的作用，目的是使所要传递的信息更加突出。在写作教学过程中，教师要避免出现"百花齐放"的现象，要注意图像、视频的使用比例和使用频率，一方面要做到吸引学生兴趣，让学生保持高度集中的注意力，另一方面要注意不能对学生的思维造成干扰。总之，不同的模态之间要巧妙地配合，共同实现信息的有效传递。另外，教师还要保持各模态之间的协调性，通过有效的手段，构建真实的交际语境，目的是让学生更有效地掌握语言知识。在高校外语写作教学过程中，教师要注意选择跟学生生活息息相关的话题，再借助相关多模态资源，锻炼学生的写作能力和多元读写能力。

多模态教学模式可以综合运用文字、图像、声音等多种社会符号，调动学生的视觉及听觉感官，并有效激发学生的想象力和创造力，促使学生保持注意力集中，提升学生的学习兴趣。在外语写作教学中，通过这种教学模式，可以帮助学生更高效地掌握词汇、语法以及写作技巧，提高学生的写作水平和多元读写能力。

第四章 信息化背景下的复合型外语人才培养

随着社会对外语人才的要求愈来愈高，高校外语教学势必要与网络信息技术相结合才能满足社会对高素质外语人才的需求。本章首先简单介绍教育技术的基本情况，之后分别从信息技术与课程整合、基于信息技术的新型外语教学模式和信息化背景下复合型外语人才的培养路径与措施对信息化背景下的复合型外语人才培养进行阐述。

第一节 教育技术概述

技术，自人类社会出现以来，就成为人类生存与发展的基本手段。技术作为人类的一种文化现象，给人类社会的经济生活和文化生活带来了深刻的影响，特别是以多媒体技术和网络技术为代表的信息技术的飞速发展，以惊人的速度变革着人类的学习方式、工作方式、交往方式和生活方式。信息技术在引起全面而深刻的社会变革的同时，对教育提出了新要求，这对课程、教学等诸多因素都产生了影响。随着科学技术的发展，教育技术已越来越多地参与到教育中，改变了传统的教学手段，进而改变了教学模式，使得教学的质量越来越高，教学效率越来越高，成为教育改革成功的关键之一。

一、教育技术的界定

在不同的历史时期，教育技术有着不同的含义。教育技术按照技术的定义来说，应该是自人类有了教育以后就存在了，但是这个术语第一次在正式文件中出现是在1970年美国教育技术委员会递交给国会的一份报告中。在当时，这份报告认为教育技术是一项专门技术，主要指的是在教育过程中，利用各种媒体技术以及对教学过程进行系统设计的技术。1994年，美国教育传播与技术协会发表了关于教育技术的最新定义，其表述为：教育技术是关于学习过程与学习资源的设计、开发、利用、管理和评价的理论与实践。

我国教育技术工作者对美国教育技术的定义进行了翻译，并结合我国课堂教学的特点，以及我国的教育环境和教育目标，对教育技术做出了进一步的阐释，其中以华南师范大学李克东教授为代表，他认为"教育技术是运用现代教育理论和现代信息技术，通过对教学过程和教学资源设计、开发、应用、评价和管理，以实现教学过程和教学资源优化的理论与实践"。

教育技术具有以下特点：

（1）教育技术是一门理论与实践并重的应用型学科，是以教学理论、学习理论、系统论、传播论和媒体论等为理论基础的。在这些理论的指导下运用各种有形和无形技术进行各种类型的教学实践活动，从而优化教学，使学生得到全面发展。

（2）教育技术的研究对象是学习过程与学习资源。由于各地资源的不同，学生面对的学习资源也各不相同，这就会导致不同的学习过程。因此，将学习过程与学习资源作为教育技术的研究对象不但是必需的，而且是教育技术研究者通过长期的探索和实践后确定的。它标志着教育技术在观念上已经从传统的"教"向现代的"学"转移。

（3）追求教育最优化。任何学校和培训机构的最终目的是实现在现有资源的条件下，花最少的投入，得到最大的教育效果。教育技术在实现教育优化的过程中能起到重要作用，因为它是在先进的理论指导下，运用各种物化技术和智能技术操控教育，使教育实现最优化。

随着信息技术的飞速发展，目前在教育技术领域涌现出了更多、更先进的技术，如在设计领域出现的信息技术教育、信息技术与学科课程的整合，开发、实施阶段的计算机网络建设与教学应用，远程教育的形式、特点、组织、实施与管理以及其他的网络新技术、人工智能技术、虚拟现实技术等。这些新技术的出现将使教育技术的发展迈上一个新台阶。

二、教育技术的发展历程与趋势

（一）发展历程

现代教育技术包含两个主要内容，一个是现代教育，一个是现代技术。所以，现代教育技术的发展历程与现代教育和现代技术的发展历程有着十分紧密的联系。在改革开放之后，我国现代教育技术才开始慢慢发展起来，因此，考虑到现代技术在20世纪和21世纪前10年的发展历程，我们可以将现代教育技术发展历程分成以下两个阶段：

1. 现代电子化教育技术发展阶段

从改革开放到20世纪90年代中期，传统的电子化教学工具和手段被广泛地应用到教育教学中，如幻灯片、胶片投影、广播、电影等。这一教育技术的重要改变，引发了教学方法、教学模式的变革与发展。

2. 现代信息化教育技术发展阶段

从20世纪90年代中后期开始，计算机科学以及互联网技术得到了迅猛发展，大大加快了这个社会信息化的脚步。正因如此，这个时代被称之为信息时代。现代教育技术正是在这一时代背景下取得了极大的发展，从此进入了现代信息化教育技术大发展的阶段。

现代教育技术在这个阶段的特点是：技术成本变低，教师和学生使用这些技术的机会更多了；技术手段更加多元化，技术的可选择性范围变大；信息技术拓宽了教与学的途径，学生更容易实现个性化教学；现代教育技术在教育教学中的使用逐渐常态化。在这样的趋势下，教师的教育技术和学生的学习技术成为个人能力构建的重要组成部分。

（二）发展趋势

随着科学技术的发展以及教育信息化的建设，教育技术正朝着网络化、智能化、虚拟化与多媒体化方向发展。

1. 网络化、智能化、虚拟化

互联网技术的发展改变了人类传统的生产生活方式，给社会各行各业都带来了极大的影响，推动了人类文明的进程。而网络技术进入教育领域，则大力推进了教育体制和教学模式的根本性变革。网络环境下的教育模式跟传统教育模式有着很大的区别,最重要的是网络教学模式不必受时间和空间的限制,它促进了教育全民化、自主化、国际化的实现。在这种教育体制下,更有望实现教育公平,每个学习者都有接受一流教师教导的机会,甚至可以通过网络途径,向世界上的权威专家进行请教,也可以借阅著名图书馆的藏书。总而言之,学习者借助网络工具,可以从世界上任何地方获取自己需要的信息,可以在任何时间、任何地点通过网络自由学习和工作。

人工智能也称作机器智能,就是利用计算机模拟人的行为,如感知、学习、推理、对策、决策、预测、直觉、联想等。目前,人工智能所取得的一些成果,已经投入教育领域,这对优化教学模式、提升教学质量具有十分重要的意义。

虚拟现实是信息技术时代非常重要的一个技术,在很多领域都有所应用,给人们的工作和生活带来了十分新奇的体验。虚拟现实实际上就是一种先进的计算机用户接口,可以给用户提供视觉、听觉、触觉等各种直观的感知,从而最大限度地方便用户的操作。在虚拟现实技术支持下的学习环境将成为人们进行思维与创造的有力助手,并且随着计算机技术的进一步发展,虚拟现实技术与我们生活的关系将日益密切。

2. 多媒体化

多媒体实际上是一种综合性技术,它主要是以计算机为核心,对各种多媒体信息进行处理和应用,如文字、图片、视频等,然后借助人机交互的方式,实现同时采集、处理、编辑、存储和展示两种以上不同类型的信息媒体。多媒体技术的出现,给人机信息之间的交互提供了新的途径,这其中包括高质量的图像、高度保真的声音、二维和三维动画等。近些年来,与教育技术相关的刊物绝大部分都跟多媒体相关,这足以体现多媒体技术对教育教学的影响力。多媒体技术逐渐占据教育技术中的主要地位,国际上的教育技术也在向多媒体化的方向发展。

随着多媒体技术在教育领域的纯熟运用,逐渐形成了不同的教学模式,如虚拟现实教学模式、网络教学模式、课堂教学模式等。其中,课堂教学模式是指将计算机媒体和其他教学媒体综合运用,从而提升课堂质量。虚拟现实是利用多媒体仿真技术,构建交互式人工世界,让学生产生身临其境之感,这有助于学生在真实的体验之中理解抽象、复杂的知识和技术。网络教学模式就是借助文字、声音和图像等媒介来传递知识和信息,这种教学模式的优势在于消除了师生之间可能存在的时空距离,实现了自由对话,促进了师生以及生生之间的交流和互动。目前来看,这种远距离教学模式是非常有发展前景的。

三、教育技术对课程的影响

计算机产生于 20 世纪 40 年代,历经几十年的发展,从大型计算机到小型机再到微机系统,现已被广泛应用于教育领域。1958 年,美国 IBM 公司设计了第一代计算机教学系统,向小学生讲授二进制,开创了计算机辅助教学的先河。计算机辅助教学虽然始于欧美一些发达国家,但其真正影响的是 20 世纪 70 年代之后的时代。一批人工智能专家在传统的计算机辅助教学中增加了知识表征、学生模型、自然语言理解、教学策略等内容,随之开展了智能计算机辅助教学。到了 20 世纪 80 年代末 90 年代初,随着多媒体计算机的出现,现代教育技术主要向多媒体教育系统、计算机教育网络系统、智能型专家系统等方面发展。

(一)教育技术对课程实践的影响

教育技术对课程实践的方方面面都有着十分重要的影响。从课程目标的角度来说,要特别关注学生的能力和个性发展,要重视学生的知识经验,通过有效的手段,强化学生的主体意识,培养学生的创新精神,使其养成自主学习和终身学习的意识与习惯。另外,在课程实践过程中,不仅要传授给学生科学知识,更要加强对学生思维能力的锻炼;不仅要关注学生科学精神和科学素养的形成,还要把能够体现时代精神的信息素养放在重要的位置。

从课程内容的角度来说,要考虑到现代科技的发展现状。对落后于现代科技成就的内容,要进行删减,并将现代科学技术的新成果融入学校课程体系之中,这样才能拉近课程内容和现代科学技术之间的距离。例如,很多国家将信息技术与各学科课程进行整合,或者将信息技术与综合实践活动课程进行整合,目的是将信息技术深入渗透到各学科教学中,以有效促进学生信息素养的形成和发展。其次是对旧有的课程进行改造。综合考虑现代科学技术发展的特征、现状以及课程教育的目标,对学校课程体系进行重新设计。

在课程内容载体上,传统的课程内容主要体现在教学计划、教学大纲和教科书中，因此传统的课程观把课程等同于教材，把课程设计等同于教材编写。随着信息技术的发展，课程内容的表现形式呈现出数字化、多媒体化、信息化的发展特征。把海量的学习资源、课程资源进行信息化处理，转化为课程内容，并以信息化的方式呈现给学生，既是信息技术对课程影响的一个重要方面，也是教育技术领域中值得研究的重要问题。课程资源库、电子书刊、立体化教材是我们了解信息技术时代课程发展变化的关键词和新视角。网络技术正处在蓬勃发展的状态，它将促使现有的资源共建共享模式做出改变，为课程资源库的建设打开崭新的篇章。因特网将计算机连接起来，万维网将网页连接起来，而网络所要实现的就是应用的互联互通。通过网络技术与教育教学的整合，可以实现优质教育信息资源的配置效应，在各个学校构建起资源共享、教学互动的桥梁，从而构成多层次、多交互、多功能的教育资源服务体系。在这个体系中，每所学校都是"中心"，或者说是"主节点"，而相对于它，其他学校则是"普通节点"；每所学校都是"主角"，而其他学校相对于它都是"配角"。在信息时代，课程资源的形式更加多元，内容更加丰富，除了传统文字型的纸质材料外，还包括超媒体电子读物、多媒体软件等。很长时间以来，我们已经习惯使用印刷读本，通过它来获取各种知识和信息，而电子读物的出现，则给我们带来了很大的便捷。当然，从纸质读物到电子读物，这需要一个适应的过程。跟传统的书本相比，电子书刊是在信息技术的支持下所形成的一种新的信息载体，它形式多样，容量丰富。在电子书刊中，不仅有传统书刊所具备的文字和图片，并且还能通过声音、动画、录像等媒介来呈现信息，这样的信息传递更显得生动、直观，更容易被学习者所接受和理解。电子书刊的兴起给课程发展注入了新的生命力。在我国高校，图书馆电子书的借阅率正在上升。信息技术的发展改变了传统教材编写的格局，直接催生了"立体化教材"。传统的学科教材所提供的信息主要是文字、符号、公式以及少量的图形、数据、图表。而"立体化"教材是把多媒体计算机技术、网络技术与传统的印刷技术有机结合起来的用于教学的课程材料，它主要包括教科书、多媒体辅助教学光盘、基于 WEB 的网上课程资源以及在线练习系统，也可称之为"一体化"教材。

（二）教育技术对课程评价的影响

传统的课程评价活动是根据一系列脱离真实情境的纸笔考试进行的，这种方式将评价与真实情境的教学截然分离。传统的课程评价往往采用过于技术化、程式化的评价方式，如将学习目标转化为具体的、可测量的行为目标，主要采用多重选择、判断、填空、匹配、简答等标准化测验形式，来测量学生对已经学习的内容知识和简单知识的加工处理能力，强化了死记硬背的学习过程，而不是测量更复杂的技能和过程，忽视了学生情感、态度、价值观的评价。随着信息技术的发展，传统的课程评价技术出现了数字化迁移的现象：在网络化的环境下为适应学生的需求不断地进行技术改造和升级换代，如传统的纸笔测验迁移至网络，以题库系统为支撑，向着自适应测试的方向发展；传统的作业评价方式可以直接在网络上完成并提交，面对面的讨论也可以在 BBS（网络论坛）进行。由于传统评价技术的数字化迁移，课程评价呈现出丰富多彩的局面。

在实践中，人们不断创新课程评价的技术和方法，如学习契约、电子档案袋、范例展示、概念地图、量规等，都是在教育技术领域比较新颖而又实用的评价技术和方法，受到人们的普遍重视和关注。尽管评价的技术和方法多种多样，但至今人们还没有找到一种普适所有问题的评价技术和方法。具体的评价技术和方法大致可以分为两类：量化课程评价和质性课程评价。它们分别代表不同时期的课程评价理念，在理论基础、评价目标、评价对象、评价方法上具有不同的特点。

在不同的课程观指导和不同的技术支持下，课程评价的方式方法也有所不同。一般来说，对知识性课程、预定式课程的评价主要采用传统的纸笔测验或标准化测验，即量化评价方法；而对技能性课程、生成性课程主要采用表现性评价，如档案袋评价等，这属于质性评价方法。

不管是量化评价方法，还是质性评价方法，要收集、整理、分析评价信息都是一项十分单调、繁重和琐碎的工作，但利用信息技术可以极大地提高这部分的工作效率。几乎全部的数据收集、统计、分析工作都可以由计算机来完成。

从最为传统的纸笔测试中我们可以看到评价技术和工具的历史性变化。随着题库理论的发展和完善，计算机已经可以对客观测试的整个流程提供充分的支持，包括试题录入、组卷、判卷以及得分统计、质量分析等，都进入了自动化状态。新兴的数据挖掘技术和 SPSS 等数据统计工具的运用，使数据统计和分析变得十分容易。高校招生录取中的测试系统已经十分完善，虽然其中的一些主观题测评仍需要教师人工评卷，但是在计算机技术的支持下，考卷的调用、测评的数量和质量已是大大提升。

传统的课程评价以纸笔为工具，其基本技术是专业测量和心理测验。在技术蓬勃发展的时代背景下，鼠标、键盘开始逐渐取代传统的纸笔工具，在新技术的支持下，测量和测验的技术含量也都有所提升。自动化的课程评价是信息技术在课程教学领域应用的重要成果和必然产物。

（三）信息化教学方式与传统教学方式的比较

不难发现，以计算机技术和整合技术为依托的教学方式，比以印刷技术和视听技术为依托的教学方式更加具有信息化特征。相对于传统的教学方式，信息技术融入教育教学使得教学过程的审美内涵更加丰富，并且营造了更加轻松愉悦的教学氛围，促进了师生之间的交往和互动，让学生在充分掌握知识和技能的同时，获得良好的学习体验。如表 4-1-1 所示，清晰地展示了传统教学方式和信息化教学方式的异同。

表 4-1-1　传统教学方式与信息化教学方式的比较

	传统的教学方式	信息化教学方式
课程目标	考试、升学、预设	发展、生存、生成
课程资源	单一化、校园、有限	多样化、全球化、无限
课程活动	单向、封闭、授受、重结果	交互、开放、探究、重过程
课程评价	纸笔测验、目标导向	多元评价技术、过程导向
教师	知识的传授者	教学的组织者、指导者、支持者
学生	受体	主体
工具	黑板、粉笔、普通学档	电子面板、鼠标、电子学档
教材	纸质文本	多媒体教材

信息技术使得教师的角色发生了转变。在信息时代背景下的教学实践中，教师承担着课程设计和开发的重任，起着十分关键的作用。随着社会的发展进步，社会对人才的需求也发生了变化，这使得课程和教学范式也发生了改变。作为教师，要坚持建构主义理论，以此为根据进行课程研发，同时还要确立课程设计的指导思想，要根据时代特征和学生诉求对知识进行重新定义，要确定好学生在学校应该学习的内容和掌握的技能。教师根据实际情况和各方面的需求，对传统的

教学内容进行改革和创新，对课程结构进行优化，要充分利用各种新的技能，使课程教学呈现出崭新的面貌。而且，教师还要将课程传递的方式进行重组，对课程变革的策略进行创新和优化，还要评价课程的实施情况。为了处理好这些工作，在各学科课程之间建立沟通的渠道，教师可以以跨学科小组的形式展开工作。在课程建设中，教师可以充分利用信息技术，把跨学科领域连接起来，建立一个全球化的课堂。这样的课堂允许处在不同地方的研究单位以及个体互相合作，能提供更加公平获取知识的途径。正因如此，这种课程构建模式给教育改革提出了重大的挑战：建立新型的合作关系，改变以往制度上分离以及个体之间相互隔绝的工作状况。在实际的教学过程中，即便教师们处于不同的国家和地区，但却可以借助互联网，互相交流合作，一起设计课程，并就教学方法展开探讨，分享自己成功或者失败的经验，并针对教学中普遍存在的难题共同商讨解决方法。此外，各学科教师还可以根据实际教学需求，合作开发教学软件，为软件设计各种实用的功能。并且在教学实践中，教师们还可以采取合作的方式，有效培养学生的学习能力和解决问题的能力。

  信息技术的发展不仅要求改变教师的角色，而且对师生关系提出了新的要求，新型师生关系的建立有了现实的需要。网络技术的发展与成熟，为师生之间的交流提供了多种技术手段和工具，为师生双方在教学中充分发挥主动性和创造性提供了条件。今天的学生是网络通信最积极的使用者，他们对信息技术应用抱有极大的热情。学生不单只从书本上，还可以从网络上收集大量的信息，主动获取更广博的知识。学生可以跨越学校、城市、国界，和任意一个专业权威对话。学生在某一方面所获得的知识很可能超过教师，教师的传统权威受到强有力的挑战，学生对教师的依赖性减少了，从而使教师和学生的关系发生了根本性的变化。因此，在信息时代，教师和学生之间应建立一种民主平等、尊重和谐、合作对话的师生关系。

  随着信息技术的发展，传统教学环境已经被信息化教学环境所取代。学习环境的设计须将多媒体网络技术、人工智能技术等计算机科学领域的相关成果与学习科学、认知科学、教育学的相关成果整合起来，既要考虑学生的物理需要，又要考虑学生的心理需要，创设促进学生问题解决、批判性思维培养和学会如何学习的环境。

第二节 信息技术与课程整合

一、信息技术与课程整合概述

（一）新课程改革

当前，我国正实行教育新课程改革，这是一次涉及教育思想、观念、模式，教学策略、方法，学习方式等方面的深刻变革。新课程改革的目的是以素质教育为宗旨，调整和改革基础教育的课程体系、结构、内容，构建符合素质教育要求的新的教育课程体系。

新课程的主要理念是素质教育，教育宗旨是助力学生全面发展，并据此确立知识与技能、过程与方法、情感态度与价值观三位一体的课程目标。课程目标重视学生在学习知识和技能的同时，也可以受到良好的熏陶，逐渐形成正确的价值观，并树立社会责任感。在传统的课程教学中，教师过于重视知识的传授，习惯采取灌输式教学法，这对学生的学习成长而言是十分不利的，因此，在新课程改革中，教师要致力于培养学生的学习兴趣，培养其积极主动的学习态度，让学生能够自主获取知识、掌握技能，并且在这一过程中掌握学习的方法，形成正确的价值观。传统的课程结构过于重视学科本位，且存在科目繁多、缺乏整合的问题。在新课程改革中，要整体设置课程门类和课时比例，并增设综合课程，目的是更好地满足不同地区学生发展的需求，使得课程更具有均衡性、综合性和选择性。另外，传统的课程内容普遍有着"难、繁、偏、旧"的特征，并且过于看重书本知识。课程内容在很大程度上影响着课堂的氛围，进而影响学生的兴趣。传统课程内容所存在的不足不仅导致学生缺乏上课的积极性，而且固化了学生的思维，不利于学生对知识和能力的掌握。所以，新课程改革要改变这一状况，要根据现代社会的特征和学生的生活现状来确定课程内容，尽量体现课程和时代的联系，同时还要考虑到学生的学习兴趣和发展需求，要尽可能地选择一些学生终身学习必备的基础知识和技能。传统的课程实施以接受学习为主，学生主要采取的学习方式就是死记硬背，这不仅会消耗学生的学习热情，而且不利于学生学习能力的发展。所以，新课程改革要改变课程实施的方式，为学生创造主动参与、自主探究的条件，锻炼学生收集和处理信息的能力，让学生学会通过自己的能力来获取新知识、解决各种问题，并培养学生的合作意识和合作能力。此外，传统的课程评价过于重视甄别与选拔的功能，会给一些学生造成极大的压力，这违背了课程评价的初衷。所以，新课程改革要加强对课程评价的改进和优化，真正发挥评价促进学生发展、提高教师教学水平的作用。最后，传统的课程管理过于集中，新课程改革可以实行国家、地方、学校三级课程管理，从而增强课程对地方、学校以及学生的适应性。

新课程改革提倡学生转变学习方式，强调学习的过程与方法，课程标准强调学生"经历了什么""体会了什么""感受了什么"。自主学习、协作学习、研究性学习等方式成为新课程改革的亮点。所谓研究性学习，就是指学生在教师的带领下，根据自己的能力和兴趣，从生活中选择合适的研究专题，然后主动地获取知识，并应用知识来解决相关问题。

新课程改革背景下，课堂教学应走向平等、走向自主、走向合作、走向生活、走向生成。所谓"生成"，是新课程改革倡导的一个重要理念，字面理解为产生和形成。"生成"与"预设"对应。"预设"是教学的基本要求，编写出来的教案有较强的预设性，然而教学中教师不能一味地追求预设性，否则课堂教学就成了教案剧的舞台。课堂教学是一个变化的、发展的动态过程，有着一些我们无法预见的教学因素和教学情境。课前预设太多，课上学生的自由空间就越小，要求课堂教学要适时突破预期和既定目标的限制走向生成、开放、民主，课堂气氛生动活泼，充满智慧交流和情感交流。

教师的角色在新课程改革中也发生了变化。在传统的课堂上，教师占据主体地位，单向地向学生传递各种信息和知识，学生很难站在和教师平等的地位，只能被动地接受灌输。在这种课堂形式下，师生之间很难进行有效的交流，这实际上并不利于学生对所学内容的掌握。在新课程改革背景下，教师要改变传统的师本观念，要认识到自身角色的变化，在教学过程中，要放低姿态，和学生处于平等地位，然后积极和学生交流互动，只有这样，学生才能独立思考、主动学习，才能勇于提出自己的问题，而教师才能更有效地向学生传授知识，同时培养学生的学习能力，并促使学生养成独立学习、自主学习的良好习惯。另外，教师要尊重学生的人格，关注学生之间各方面的差异，并通过对教学策略的调整，尽可能地满足不同学生的学习需求。与此同时，还要加强教学环境的构建和优化，从而唤起学生的热情，提升课堂参与度，有效培养学生掌握和运用知识的态度和能力，促进学生共同发展。

（二）信息技术在新课程改革中的作用

信息技术的发展给教育行业开启了崭新的篇章，有效地拓展了教学的方法和路径，提升了教育质量。在新课程改革中，要大力推进信息技术的使用，加强信息技术与各学科课程的整合，从而有效改进教学内容的呈现方式、优化学生的学习过程，使教师的教学方式以及师生互动方式得到创新，争取充分发挥信息技术的优势，给学生提供更好的学习环境和学习工具。从功能与过程这个角度来说，信息技术是指集信息获取、传递、加工、再生和使用等多种功能于一体的技术。信息技术的体系包括四个基本层次，即基础技术层次、支撑技术层次、主体技术层次和应用技术层次。基础技术主要是指新材料技术和新能量技术；支撑技术主要是指机械技术、电子与微电子技术、激光技术与生物技术等；主体技术主要是指感知技术、通信技术、计算机与智能技术和控制技术等；应用技术是指在各种领域中应用的具体技术。信息技术体系好比一棵参天大树，基础技术层次便是大树扎根的土壤，支撑技术便是大树发达的根系，主体技术是大树强劲的躯干，应用技术则是大树的枝叶和花果。肥沃的土壤、发达的根系、粗壮的躯干，这一切都是造就繁茂枝叶和丰硕花果的必要条件。

在教育中应用的"现代信息技术"主要是指三种技术：一是指现代媒体技术，这是一种物化形态的技术，主要包括计算机多媒体技术、网络技术、通信技术、视听媒体技术等；二是指现代媒传技术，也就是运用现代教育媒体进行教育教学活动的方法，即媒传教学法，是一种智能形态的技术；三是指教学系统设计技术，是一种应用广泛的智能形态技术。

（1）信息技术是演示工具。作为演示工具，这是信息技术基本的功能，也是运用最广泛的。教师和学生利用现成的计算机辅助教学软件或多媒体素材库，对各种教学素材进行综合运用，从而制作演示文稿或者多媒体课件，将教学内容形象、生动地呈现出来，以降低知识难度、简化学生的学习和理解过程。

（2）信息技术是交流工具和协作工具。在新课程教学中，交流与合作是至关重要的环节，也是教学成败的重要因素之一。计算机网络技术为实现交流与协作式学习提供了有利条件。教师可以综合考虑教学的实际需求和学生的兴趣与知识水平，开设微博专题、聊天室、论坛，也可以利用博客、电子邮件等方式对课程的教学、解决的问题与任务和学习伙伴进行充分的交流与协作。

（3）信息技术是个别辅导工具。在课程教学实践中，教师可以根据课程内容和学生的学习进度，合理利用计算机辅助检测软件，组织学生就当前所学的内容进行练习，让学生在这一过程中对所学知识产生更加深刻的理解，同时认识到自己的不足，并决定下一步的学习方向，从而实现个别辅导式教学。在这种方式中，计算机软件代替了教师的一部分职能，或者说承担了一部分教师本该承担的工作，如演示、出题、成绩评定等。另外，由于学习内容和学习目标不同，个别辅导软件所提供的交互方式也不同，体现了不同的教学和学习方法，这更有利于学生进行自主学习。

（4）信息技术是信息获取和加工工具。新课程改革所提出的一个重要理念就是对教学资源的整合与利用，以方便学生通过各种教育资源进行自主学习。在互联网时代，网络资源是所有教学资源里不可或缺的。在传统的教育模式中，书本是知识的主要载体，是学生获取知识的唯一途径，而在信息技术的支持下，知识来源的局限性被突破，各种网络资源使得原本封闭的课程变得更加丰富、生动，一方面扩充了课堂知识量，丰富了学生的知识储备，拓宽了学生的视野；另一方面开拓了学生的思路，促进其思维能力的提升。在教学中有效利用网络信息，可以让学生获取信息、分析信息的能力得到锻炼，也让学生在筛选大量信息的过程中能够从多个角度来理解事物。另外，教师可以在上课之前将所需的资料整理好，做成内部网站，允许学生访问和自行选择所需资料；也可以给学生提供网址、搜索引擎等参考信息，让学生自己上网搜集材料。并且，教师可以鼓励学生对自己搜集到的信息进行加工处理，然后借助多媒体工具展示出来，这是培养学生信息搜集和加工的能力，以及培养学生思维能力和表达能力的有效途径，也有助于学生加深对知识的理解。

（三）在信息技术与课程整合中教师的能力结构

教师综合素质的提高是有效整合的前提。信息技术与学科课程的整合对现代教师提出了更高的要求，整合之后的教学和学习会呈现出新的规律和特征。有人把网络时代的教育称为新教育，它的"新"不仅在于目标新、手段新，更在于它需要新的观念、新的方法和新的能力。新教育需要具有新素质的教师来保证新教育目标的实现。因此，教师能力结构的变化是整合的必然需要。

（1）教师在信息技术方面的能力。教师的信息技术能力指的是对信息科学以及信息手段（特别是计算机网络）特征的理解和基本操作能力，这种能力正是现阶段教师培训的主要内容。信息时代的核心技术是计算机技术与通信技术，对教师而言，计算机的基本操作及相关教学软件的应用、计算机小课件的制作、关于多媒体计算机和网络通信方面的基本知识和技能，都是教师在实施信息技术进入课堂中必须具备的基本能力。

（2）教学设计能力。教学设计理论随教学技术的发展以及学习理论的不断完善，形成了以"教"为中心和以"学"为中心的教学设计理论。它本着以促进学生学习为目的，将教学理论与学习理论的原理转换成对不同层次的教与学的系统设计，针对教学目标、教学内容、教学方法、教学策略、教学评价等开展具体教学环节的设计，用理论指导来解决教学的实际问题，运用系统的方法创设教学系统程序，使教学系统中的各要素、各环节能够协调地统一为一个整体，从而达到优化教学的效果。

教学设计既具有理论性，又具有实践性。因此，教学设计的理论和方法是提高教师的理论素养、发展教学实施能力的强有力工具，是进行信息技术与课程整合的核心。在进行信息技术与课程整合的过程中，教师必须运用教学设计的理论指导教学实践，探索新型的教学模式。

（3）信息技术在教学中实施的能力。信息技术在教学中实施的能力是指教师在教学设计的基础上，实现教学设计方案的能力，能运用有关的信息技术工具和资源营造有利于学生发展的学习环境，能在不同的教学模式和不同的教学环节中熟练运用有关的信息技术工具和资源。现代教育观念指导下的教学实施能力不同于传统教育中单纯的讲授能力和答疑能力，而是强调各个学科的相互整合、从单一的知识传递变为重视解决问题、强调学校教学与社会的连续性、强调对学生生存能力和创造性的培养。因此现代教学实施能力不仅包括讲解能力和答疑能力，重视培养网络环境下现代学习能力，还涉及情境创设的能力、内容与方法的连接能力、使学生进行协作学习的能力、学习过程的综合评价能力、促进学生进行自主性学习的能力等。

（4）协作性教学的能力。在信息时代，教师处在与他们提供给学生同样的学习环境中，这个环境具有挑战性和协作性。在信息时代，协作将成为人类做事的重要形式，也是现代教学和学习的重要形式。例如，基于问题的学习往往采用协作学习的形式，通过个体之间的相互影响达到解决问题的目的。而教师的协作教学形式在工作中也是常见的。它能发挥教师各自的优势，互相补充、取长补短，是解决问题的有效方法。教师必须具备与其他教师或专业人员进行协作的能力，这也是教师培养学生合作能力的重要素质。

（5）综合评价的能力。传统课堂的教学评价有很多弊端，如过于重视结果而疏忽过程，过于重视对知识的考核而忽视了对学生能力的考评等。在信息化教学的评价中，要对以上问题进行规避，让课堂评价真正发挥作用。为此，作为教师，必须要具备多元评价的能力，可以采用实作评价、档案袋评价、电子作品集评价、概念图评价等方式，对学生的学习过程进行动态、完整的评价。在实际评价的过程中，教师可以以问题为导向，整理学生的各种数据，然后根据整理结果，对学生解决问题的过程进行评价。不仅如此，还要确立评价的标准以及评价的项目，根据收集的数据，直接向学生提问，根据学生的答案来进行评价。

（6）教学研究能力。无论是在传统的教学模式还是新课程改革教学模式下，教师都必须具备教学研究的能力。信息技术与课程整合后方方面面必将会呈现出新的规律，教师可以通过对新规律的了解和研究来影响教育信息化的进程。教学实践活动是发现新规律的重要过程，也是尝试新方法、创造新理论的过程。从理论的层面来说，教育技术已经给网络环境下的现代教育提供了原则和方法，但是教师在实际的教学实践中，仍感到现有的原则和方法存在很多不足，不能满足教学要求，因此，教师必须加强对现代教育规律的研究，这是新时代对全体教师提出的重要要求。

二、信息技术支持下的"以教为中心"的教学策略

(一)信息技术支持下的"教"的方法

实物演示法是通过投影仪或展示台将实物、投影教具放大投影到银幕上,扩大演示物的可见度,使全体学生同时对演示物的构造、性能和现象的变化过程等产生直观、清晰印象的演示方法。通过多媒体课件也可以完成实物演示任务。

(1)创设教学情境,增强教学效果。在教学过程中,教师可以根据当前教学内容和教学目标,创设相应的、具有一定情绪色彩且以形象为主体的生动场景,让学生获得丰富的情感体验,从而促使学生对知识内容产生更加深刻的理解。随着多媒体技术的发展,情境创设的方法更加多元化。在教学实践中,比较常用的创设情境的方式有两种:第一,利用音乐来构建情境。音乐的语言更具有感染力,能够使人得到丰富的审美体验。音乐以独特的旋律、节奏,塑造出音乐形象,能够让学生产生身临其境之感。第二,利用图画来创设情境。图画可以更直观地展示某些形象,所以教师可以利用图画来构建课文情境,也就是将课文内容以更加形象的方式呈现出来。例如,课文插图,根据课文内容绘制的剪贴画、简笔画等,都可以创设课文情境,激发学生的想象力。实际上,情境教学法的核心就是激发学生的情感,其在教学方面的功能主要表现在陶冶功能和暗示功能两个方面。

(2)师范教学法。所谓师范教学法,就是给学生提供规范性的语言、语音学习材料,或者能够示范标准动作的视觉材料,从而方便学生模仿和训练。教师也可以给学生提供视觉、听觉对比材料,引导学生比较异同、分辨正误、加强练习。比如,微格教学可使学生在短时间内快速获得反馈信息,并及时进行自我分析、自我评价,有利于学生自我改进和自我发展。

(3)重复再现法。这是教学中经常使用的一种方法,就是将同一内容的画面给学生多次展现。这种方法多用于讲解教学重点或难点,有助于加深学生对知识点的印象,也有助于学生分析和解决问题。当然,在教学实践中,如果教师要采取这种方法,不能是机械地重复,一定要注意每次重复再现的目的,这样才能起到引导学生的作用。

（二）信息技术支持下的"教"的策略

基于课堂的"情境—探究"教学策略包含几个重要环节，分别是情境创设、实践探索、意义建构、自我评价等。

在教学实践中，教师应充分利用信息技术，根据教学内容和教学目标以及学生的认知水平，构建相应的教学情境，从而启迪学生的思维，激发学生对问题的思考。学生在思考过后，可以借助相关的学习资料，找到解决问题的新思路，并在接下来的实践探索过程中，找到解决问题的具体方法，最终成功解决问题。在分析和解决问题的过程中，学生能够对问题的理解和解决方法形成自己独特的见解和经验，这也就是建构主义理论所要求的自我意义建构，这对学生的学习发展有着十分重要的意义。最后一个环节是自我评价，也就是学生根据自己在解决问题过程中的表现对自己做出多方面的评价，发现自己的优势，同时也认识到自己的不足，从而在后续的学习过程中有针对性地进行自我改进和提升。

基于课堂的"情境—探究"模式的特点是教师指导、网络支持、学生参与。由于该模式兼具传统教学下的师生面对面交流、信息反馈及时和信息技术环境下学生主体参与、学习方式灵活、学习资源丰富等特点，对于革新传统课堂教学，实现在课堂教学中以现代教育技术手段推动素质教育进程，培养学生的创新精神与实践能力的目标具有非常重要的作用。同时，这个模式下的课堂也是计算机技术与学科课程整合的良好场所，有利于提高教学效果和培养新世纪需要的适应知识经济社会发展的新一代。

三、信息技术支持下的"以学为中心"的教学策略

（一）信息技术支持下的自主学习教学策略

自主学习策略，是指能够体现学生"自主学习、自主发现"精神的教学策略。这种策略强调最大程度体现学生主体地位，强调学生的意义建构。常见的自主学习策略主要有支架式教学策略、情境教学（抛锚式教学）策略、随机进入式教学策略等。

（1）支架式教学策略。根据欧共体"远距离教育与训练项目"的有关文件，支架式教学应当为学生建构对知识理解的一种概念框架。这种框架中的概念是为

发展学生对问题的进一步理解所需要的，为此事先要把复杂的学习任务加以分解，以便于把学生的理解逐步引向深入。

可以发现，所谓的支架式教学，实际上就是给学生提供一种概念框架，引导学生借此来理解知识、建构知识，并且在该框架的引导下，学生能够独立地探索和解决问题，从而得到综合素质的提升。

支架式教学的基本特征是重视社会交互作用和文化在知识理解和意义建构中的作用，认为学生认知能力的发展不仅仅是个体的过程，还是社会和文化的过程。

（2）情境教学策略。一直以来，情境教学被广泛地应用在各学科的教学过程中，且取得了不错的成果。所谓的情境教学，就是指根据真实的事件或者真实的问题来建构情境，让学生在情境的感染下主动地思考和探索以及解决问题，并在此过程中理解知识、掌握技能、建构意义。通常意义上的情境教学，又被称作"抛锚式教学"，因为情境一旦创设，整个过程中的教学内容和教学进程也被确定（就像轮船被锚固定一样）。

（3）随机进入式教学策略。事物是复杂且多面的，所以，要想真正掌握事物内在的性质以及事物之间的联系，即真正达到对所学知识的全面而深刻的意义建构是有着很大难度的。所以，在教学实践中，教师要注意对同一教学内容在不同的时间和情境下为不同的教学目的应以不同的方式来呈现。简单来说，就是学生可以根据自己的意愿，通过不同的途径、不同的方式进入同样的教学内容中进行学习，并且在这一过程中，能够获得对同一事物的多方面的认识和理解，这就是所谓的随机进入式教学。显而易见的是，学生通过多次进入同一教学内容，能够更加深刻、全面地掌握相关知识。这种多次进入，并不是传统教学中为了巩固知识而进行的简单重复。在这里，每一次进入都是在不同情境下发生的，都有着不同的目的和侧重点。因此，学生多次进入的结果，并非对同一知识内容的简单重复和巩固，而是让学生对事物产生更加全面和深刻的认识。

（二）信息技术支持下的协作学习教学策略

根据建构主义的观点，学生除了个别化的自主建构知识以外，还应该积极地与他人进行交流，丰富、完善自己的思维和想法。新课程改革特别强调学生之间的协作学习。与个别化学习相比较，协作学习有利于促进学生认知能力的发展，有利于学生健康情感的形成，是当今较流行的一种学习模式。

1. 协作学习的概念及其类型

协作学习是指多个学生对同一问题用不同观点进行观察比较、分析综合、交流看法、互相学习的教学策略。常见的协作学习策略有课堂讨论、角色扮演、竞争、协同等。协作学习开展的教学环境主要是计算机环境和网络环境。协作学习往往和自主学习相结合，二者并没有严格的界限。

2. 基于校园网络环境下的"资源利用—主题探究—合作学习"模式

最常见的整合模式是基于校园网络环境下的"资源利用—主题探究—合作学习"模式。教学环境是校园网络环境。这一模式分为如下步骤：

（1）学生在教师的引领和帮助下，展开社会调查，了解学习的主题。

（2）根据课程目标，确定学习的主题，并根据实际情况制订学习计划。

（3）合理构建学习小组，为学生合作学习做好准备。

（4）教师充分利用自己的知识和教学经验，借助互联网，搜集与学习主题相关的资源，并将这些资源提供给学生，同时也可以给学生提供资源网址或者资料收集的方法，让学生自己获取资料。

（5）带领学生查找相关网页，浏览相关资源，然后对所获得的信息进行甄别和筛选，选出其中最优信息，以锻炼学生收集和辨析信息的能力。

（6）根据教学需要，组织学生进行协作学习活动，如就某一问题进行辩论，通过角色扮演来重现某一情境，或者共同解决某一问题，等等。

（7）组织学生根据自己掌握的资料，撰写与主题相关的研究报告，至于报告的形式，允许学生根据自己的喜好和能力自行选择，如文本形式、电子文稿形式、网页形式等，并鼓励学生展示自己的成果。

（8）教师组织学生对这些作品进行评价，鼓励学生自由发表观点和意见，最终达到意义建构的目的。

第三节　基于信息技术的新型外语教学模式

一、基于翻转课堂的外语教学模式

（一）翻转课堂的界定

尽管翻转课堂逐渐为大家所熟知，吸引了很多国内外教师的关注和研究，但是目前学术界尚未对翻转课堂的概念形成统一的、比较权威的界定。以下是一些国内学者对翻转课堂的定义：

在一些专家看来，在翻转课堂模式中，知识传授这一重要过程是在信息技术的支持下于课后时间完成的，而在课堂上教师和学生共同协作，以完成知识的内化。跟传统的教学形式相比，翻转课堂的教学过程是颠倒的，因此，课堂学习过程中的各个环节也发生了变化。

也有专家提出，翻转课堂就是充分利用信息技术，教师根据教学的内容和目标，给学生提供视频、音频、文本、图像等形式的学习资源，学生在上课之前对这些学习资源进行观看和学习，然后在课堂上，师生共同进行作业答疑、问题探究等活动。这种新型教学模式和传统课堂教学模式最大的差别就是，它不再以灌输的方式单向地向学生传授知识，而是通过信息化手段，将知识以更加直观、立体、多元的形式呈现在学生面前。

概括来说，关于翻转课堂的定义，主要有两类观点。第一类观点认为，翻转课堂本质上就是信息技术支撑下的在线课程，也就是说用现代的视频录像代替传统的直接授课，而视频在线课程则替代了教师的一些职能；第二类观点则认为，翻转课堂颠倒了传统课堂各个主要环节的进行顺序，教学的形式发生了很大的改变，但是，课堂的本质没有变化，教师还是承担原来的责任，教学的要素并没有因为信息技术的融入而发生改变。在作者看来，各位专家、学者以及教师对翻转课堂的不同定义，实际上只是描述方式上的差异，其本质认识还是一致的。简单来说，翻转课堂就是将传统课堂上的讲解新知识这一环节放在了课前，由学生自主完成，而课后吸收知识、解决问题这一环节则被搬到了课堂上，由师生共同完成。这不仅仅是教学形式上的变化，还有教学理念的变化。

翻转课堂改变了传统的教学结构。传统教学结构主要包含两个环节，一个是知识传授，一个是知识内化。在传统的教学模式中，教师在课堂上讲解新知识，学生对知识进行初步的理解，这就是知识传授阶段。而在课下，学生则利用所掌握的知识来解决一些问题，从而实现对知识的深度理解，这就是知识内化阶段。而翻转课堂颠倒了这两个阶段的顺序，把知识传授放在课下，由学生自主完成，也就是学生利用教师提供的资源，独立获取知识。而知识内化的过程则在课堂上进行，这一过程主要是通过小组合作探究以及师生交流协作来完成的。简单来说，传统课堂是先教后练，翻转课堂是先学后练，由此可见课堂结构发生了变化。对学生来说，这种教学结构上的变化，使其自主学习能力、独立思考能力、分析和解决问题的能力、合作交流的能力都得到了有效的锻炼和提升，并且在整个学习过程中，学生能够获得更加丰富的情感体验，这有助于树立学生的自信，促进学生各方面素养的发展。

（二）高校外语课程翻转课堂教学设计

在高校外语教学中，翻转课堂的设计强调学生的主体地位，重视促进学生的个性化发展。在整个教学过程中，教师起到的主要作用就是协助学生。根据翻转课堂研究的理论基础，以及通过对现有教学实践模式的分析，高校外语翻转课堂教学可以分为四个阶段，分别是准备阶段、课前学习阶段、课前互动阶段、课堂学习和巩固阶段。

在准备阶段，教师要完成的任务就是课前学习材料的收集、整理和制作。在最开始实施翻转课堂的时候，教师基本上是通过制作教学视频，将其分享给学生，从而完成知识传授这一环节。但是，随着翻转课堂模式渐渐成熟，其应用越来越广泛，课前学习材料也不再局限于视频制作。导学案、PPT课件以及各种微课视频都大大丰富了课前学习内容的载体。但是，无论课前学习内容以哪种形式或者载体呈现，其主要目的都是帮助学生进行自主学习，让学生能够独立获取和掌握知识。所以，教师可以根据教材的特点以及课程内容和教学目标，给学生设计自主学习材料，包括导学案、自主听力材料、与课文相关的微电影以及教师授课时使用的PPT课件。其中，导学案呈现的主要内容就是词汇、语法和句型等。导学案制作以解决问题为主线，将知识点转变为探索性的问题点、能力点。微视频、微电影的内容主要是练习听力和表达。PPT课件呈现的主要教学内容为写作。教师可以根据教学内容,选择合适的题材来制作PPT,内容要包括本节课的词汇、语法和句型,一方面起到锻炼学生写作能力的作用,另一方面让学生能够对课前的自主学习成果进行检测。各种课前学习材料的制作,要求能引导学生独立完成学习任务,并且引起学生的学习兴趣,设计的形式要新颖、多样化,能够满足不同认知特点学生的需求。另外,教师可以设计自测卡,让学生在自主完成材料的阅读和学习后,可以对自己的收获和疑问做记录。同时,学生可以利用自测卡,完成课前针对性练习,一方面巩固学习内容,另一方面发现自己的不足之处。自测卡的制作要求是,能够引导学生利用旧知识完成向新知识的过渡。有一点需要强调,教师必须保证自测卡练习数量的合理性,同时要把握好自测卡的难易程度。

学生在课前学习的环节中,可以根据自身情况,自主把握学习的进程。学生可以根据自己的认知能力和学习速度,完成学习材料的自主学习,并将在这一过程中遇到的问题记录下来,同时也要记录自己的所得,以便和同学分享、交流。在学生完成学习材料的学习后,可以利用自测卡,通过解答上面的题目来检验自己的学习成果,并对已掌握的知识加以巩固。对于在自测时遇到的问题,也可以记录下来,以便和老师、同学共同探讨。

在翻转课堂模式下的课堂互动阶段,学生要在课前自主学习的基础上,将课堂时间用在知识交流分享和问题探究上,从而提高学习的有效性。

翻转课堂最关键的就是通过组织课堂活动来帮助学生最大程度实现知识的内化。建构主义者认为,知识的获得实际上就是学生在某种情境下通过人际协作活动实现意义建构的过程。英语这门课程有着较强的情境性,通过合理地设计情境,可以让学生在具体的环境中对所学知识进行应用。因此,教师在组织翻转课堂活动时,要注意强调学生的主体性,要充分利用情境和会话等方式来开展课堂活动,从而帮助学生实现课前所学知识的内化。

在课堂上,教师可以组织学生进行讨论,以实现其对所学知识的巩固。在这一过程中,教师可以根据学生的特点,进行异质分组,并根据学生课前自主学习的反馈情况,给各个小组分配学习材料;并且,教师要加强监督和管理,对一些基础较差的学生予以帮助,争取让每个成员都能积极地参与研究活动,勇于提出自己的想法和问题,发挥自己的价值。小组成员要积极交流与协作,共同解决问题，完成学习目标。而在这一过程中，教师需要加强巡视，关注各小组的动态，及时发现各小组出现的问题，并予以指导。之后，教师可以根据教学内容和目标针对不同小组提出问题，根据学生的解答情况进行学习评价，让学生发现自己的不足。最后，教师可以组织学生分享学习成果，让各小组互相学习和借鉴。另外，学生展示的内容可以是自学材料和自测卡完成过程中遇到的问题及解决情况，或者小组合作讨论过程中的收获等。在各组展示的过程中，教师也要对其他小组提出的各种问题进行解答。

在课堂检测环节，教师要给学生提出要求，让学生在规定的时间内完成相关练习，并以小组检查、老师监督的形式完成测试，最后通过小组讨论、老师点评的方式完成习题讲解。通过这一过程，帮助学生巩固知识，提升知识应用能力。

二、微课、慕课在高校外语教学中的应用

（一）微课的外语课堂教学设计

1. 微课相关理论阐释

关于微课的定义，很多人持不同看法。特别是在教育领域中，很多研究现代化教育的学者对此提出了不同的意见。胡铁生认为，微课与微课程实际上是相同的概念，不过是叫法不同。它是针对学科知识点以及教学的各个组成部分所设计的在线视频课程，它的主要特点就是具有情境性，并且支持多种学习方式。黎家厚持有不同的看法，他认为微课属于"课"的范畴，它是在翻转课堂模式下衍生出来的一个新的概念。微课具有内容短小、目标清晰的特点，非常适合用来针对性地讲解某一个问题。张一春则认为，微课是采用流媒体播放的方式来呈现知识点，以及解答问题。焦建利认为，微课是以学习或教学为目的的在线教学短视频，利用微课视频，可以简单明了地介绍相关知识。

通过分析上述学者对于微课的定义，我们可以发现，微课的内涵有着三个十分明显的特点：首先是"短小"，无论是内容上还是时间上，都比较简短，所以微课视频的教学目标很有针对性。其次是"课"，微课通常是有效开展某个教学环节，呈现某个学科的知识点，以微视频为载体的一节"课"。微课虽然简短，但一般包含比较完整的教学环节，如导入、讲授、练习、总结等环节。最后，必

须强调的一点是，微课必须得到信息化环境的支撑，依存于教学任务和教学环境中，不能独立存在。微课是在信息技术与课程改革相结合的过程中衍生出的新事物，它对传统的教学和学习方式进行了创新。虽然很多学者对微课做出了不同的解读，但其内涵基本上是一致的，就微课的一些基本特征，这些不同的解读都表现出了一致性。综合以上各位专家和学者的观点，我们将微课理解为，由教师根据教学内容和目标所制作的针对性强、内容精致且支持多种学习方式的视频教学资源。

2. 微课制作原则

外语微课的设计与制作原则包括以下几个方面：

第一，一节外语微课的时间应尽量控制在 10 分钟之内，每次只讲授一个知识点，集中解决一个问题，以 3~5 分钟为宜。在课程设计过程中，微课内容具体，主题明确，要充分体现出其"微"的特点。

第二，以学生为中心原则。教师在设计和制作微课的过程中一定要明确一点，那就是微课的受众是学生，是为学生更好地学习而服务的。所以，微课的制作必须要充分考虑学生的特点和需求，要注意迎合学生的兴趣，充分体现学生的主体地位。另外要站在学生的角度来安排课程内容和学习活动，这样才能让学生取得更好的学习成果。

第三，实用性原则。教师在制作微课的过程中，要选择与学生学习和生活有着紧密联系的情境，一方面引起学生对所学知识的重视，另一方面激发学生的学习热情，引导学生利用所学知识解决现实问题。另外，要想充分发挥微课程的教学优势，就必须满足课程具有重要性和趣味性。课程的重要性是第一位的，学生只有意识到课程对自己是有重要作用的，才会产生动力，用心去学习。而趣味性是对课程重要性的有益补充，当然这也是微课必须具备的，因为趣味性的课程才能吸引学生的注意力，让学生保持积极愉悦的心态，从而提升其学习效果。

第四，交互性原则。在微课中，如果大量使用文字来呈现知识内容，很容易让学生感到枯燥乏味，进而失去学习的兴趣和耐心。所以，教师在制作微课时，要将文本、图画、声音、动画等多种元素有机结合起来，实现知识内容的多元呈现，这样可以加大对学生的感官刺激，激发他们的兴趣，促使他们动脑、动口、动手，积极学习知识和技能，主动构建自己的知识体系。

3. 微课的设计

（1）课前

高质量的微课必须要有一个好的开端。微课的时长一般在 10 分钟左右，所以在一开始，就必须抓住学生的注意力，内容要有一定的趣味性，能够顺利地将学生带入学习过程中。在微课中，常用的效果较好的导入策略有：第一，歌曲导入。可以在微课里添加跟课程内容有关联的歌曲，用动人的旋律来吸引学生的注意力，促使学生主动参与课堂学习。第二，微视频导入。在微课中放一小段与课程内容相关的电影或其他视频片段，一方面吸引学生兴趣，另一方面激发学生思维，引导学生对视频中反映的问题进行思考和探究，从而培养学生的批判性思维。第三，热点话题导入。在微课设计中，教师可以选取与当前教学内容有一定关联的时下热点人物和热点问题，借此来导入教学内容。在互联网时代，学生对当下热点的关注十分密切，通过采取这种方式，更有助于激发学生的兴趣和思维，并培养学生理论结合实际的能力。第四，故事导入。在制作微课时，教师可以设计一个卡通人物，通过卡通人物来讲故事，带领学生一起学习。这种方式极易受到学生的追捧。第五，利用人物图片、名言警句、俗语谚语、猜谜语等方式进行导入，也能起到意想不到的效果。

（2）课中

①听说训练：教师在制作微课视频时，可以插入一段听力录音，让学生一边听录音一边跟读，当然教师也可以插入自己的朗读视频，这样学生在观看视频的时候，可以根据老师的口型来调整发音，从而起到更好的学习效果。

②词汇训练：教师在制作微课的时候，可以根据词汇来设计一些动画视频。当画面出现某个单词时，让学生迅速读出；或者让学生根据画面出现的图片、文字等提示，对单词进行拼读。

③句型训练：在制作微课时，教师可以将一些主要的句型结构放在视频中，让学生在观看视频的时候大声跟读。并且，教师可以适时暂停视频，让学生利用这个空隙用相应的句型造句。对于视频中出现的优秀例句，学生可以进行摘抄。

④对话训练：教师可以在微课视频中设计对话角色，让学生在观看之后，可以选择某一个角色进行对话训练。

（3）课后

微课的课后评价、反思和总结也是一个不可忽视的关键环节。首先，教师要及时了解学生对微课的使用情况，并检查学生的作业完成情况，对学生进行过程性评价和总结性评价。其次，还要通过学生的反馈，检验微课的教学效果，弥补其不足，从而提升教学质量。

（二）慕课在外语课堂中的应用

1. 慕课的界定

慕课（MOOC）出现的时间不长，但是发展十分迅速，受到了国内外学者的关注。MOOC是英文"Massive Open Online Course"的缩写，含义是"大规模开放在线课程"，也有学者将其直接音译为"慕课"。但从字面来分析，我们很难真正理解慕课是什么，学术界对它也没有统一的认识。下面列举一些有代表性的观点。

（1）慕课没有人数上的限制，主要是通过网络来进行学习的。它的教育资源是开放的，学习者可以免费获取，这是信息化背景下一种新的学习模式。但是，这个定义并没有准确说明慕课是什么，因为它所描述的慕课的特征，其他网络公开课也同样具备。

（2）"大规模"是针对慕课的学生数量而言的；"开放"是指慕课没有门槛限制，是向所有人开放的；"在线"是指慕课是通过网络来进行学习的；"课程"则意味着所有的教学过程，不是狭义的课程，并且教师与学生可以频繁地互动。这一定义对"大规模""开放""在线"等关键词做出了一般性阐释，另外，它重点说明了数据的规模之大以及师生实时交互这一特点。

（3）慕课是一种免费教育形式，它面向的是社会大众，且有着较强的教学互动性。所谓"大规模"，是指一门课程可以同时容纳成百上千的人共同学习，并没有学员数量上的限制；"网络"是指慕课教学活动必须在网络的支持下才能展开；"开放"的意思是课程是免费的，任何人都可以学习。这一定义从字面意义上对慕课的三个关键词进行了阐释。

2. 高校外语慕课教学模式建构

（1）教学管理

在外语教学中使用慕课时，可以建立整体化的线上+线下混合学习链，也就是在外语慕课教学平台下实现线上慕课视频教学＋论坛互动＋作业互评的教学流程，并且要保证每一课程都具备充分的线下互动时间。通过师生的面对面沟通，有助于深化学生对知识的理解。并且，每门课程的学分都是由线上自主学习、线下课堂教学两个环节统一构成，其学分比为2∶1（线上∶线下），学时分配比为2∶1（线上∶线下）。学时主要划分成每周6学时，即外语慕课教学平台自主学习4学时、线下课堂学习2学时。

对外语教师而言，慕课的出现是外语教学改革创新的一个重要机遇，它有助于提升师资水平。所以作为教师，要对信息时代下慕课教学模式有充分的了解和认识，要努力提升自己各方面的素养，能够顺应慕课发展的潮流。外语教师还要积极参与团队协作，学习并亲自参与慕课教学课程的建设。另外，教师们可以根据自己的优势进行分工协作。慕课模式下的教学团队可以由以下几个部分构成，即视频主讲教师、小班责任教师、在线答疑教师，并由专门的人员进行统筹规划。其中，视频主讲教师要负责慕课课程的设计和制作，以及确定教学内容；小班责任教师主要负责小班管理和面授，并对小班的讨论互动课进行管理和评价；在线答疑教师则主要负责线上解答学生的各种问题，并通过跟学生的互动，了解学生的学习成果，并对此进行统计。

（2）教学流程

从学生的角度来说，通过一门外语课程来获取相应的学分，是有一定难度的。外语专业在采用慕课教学模式的过程中，需要教师每周面授一次，并且每周还要进行一次小班互动课，在课上，主要对本周所学内容展开即兴讨论。在讨论过后，学生可以根据自己的时间安排来自行选课并组建班级，每班人数控制在25人左右。而在考查外语专业学生的学习成果时，相关教师要重点参考学生参与课堂讨论的情况以及学生学习成果的展示质量。也就是说外语专业的学生，在慕课教学模式下，不仅要保证完成线上课程的学习，还要积极参加线下的课堂讨论，只有这样，学生的学习质量才能得到保证（图4-3-1）。

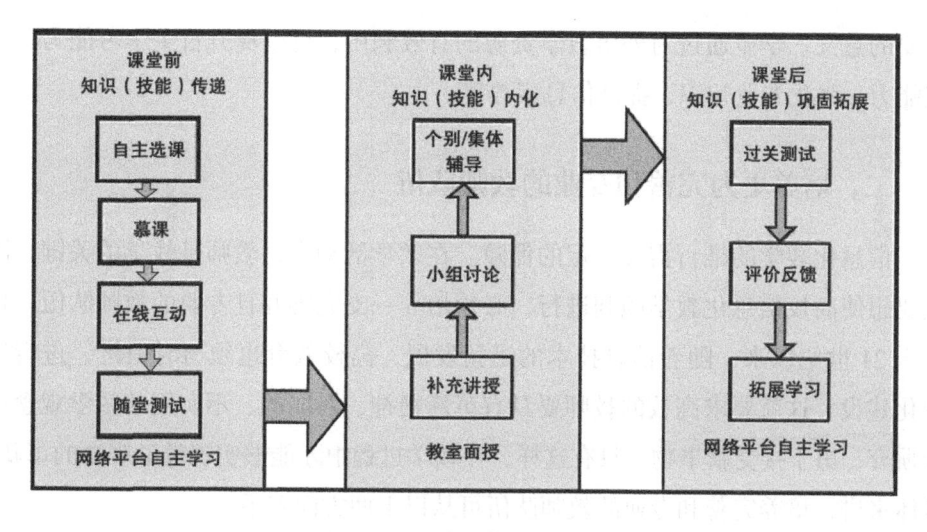

图 4-3-1　外语慕课教学模式

第四节　信息化背景下复合型外语人才的培养路径与措施

一、注重外语资源的建设与完善

建立相对完善、科学的外语资源管理制度是加强外语资源建设的保障，不仅能为外语资源建设起到约束作用，还能为建设的顺利开展保驾护航。具体来讲，随着社会发展，高校在进行人才培养的时候应该对教育资源管理给予重视，除了加大教育资源管理方面的投入力度之外，还应该不断引进新技术，完善信息化教学机制，为人才培养构建完善的信息化优质教学环境。在新技术引入阶段，需要注意以下两方面：一方面要充分认识到，在新技术引入方面起到关键作用的，除了完善的软硬件设施，还包括教师们正确的教学观念；另一方面，要注意对信息化平台的利用。具体来讲，根据信息化平台自身的特点，通过对多方资料进行整合，从而构建完善的外语信息资源平台，即外语考试资料库和专业的知识平台。如此一来，不仅能为学生的考试提供足够的资料，还能在学生进行有关外语专题的讨论时提供必要的场所。除此之外，信息化平台的构建在一定程度上为学生的发展拓宽了空间，对形成相对完善的外语资源管理制度、增强外语资源建设有着重要的意义。学生通过对外语教学资源的有效利用，可以提升自主学习能力、研究能力，强化专业知识，提升信息素养等。

二、培养更为完善和专业的教师队伍

信息化教学的推行需要一定的保障。在教学活动中，教师是教学的关键，因此要想使高校信息化教学顺利进行，必须培养一支完善并且专业的教师队伍。自进入21世纪以来，随着信息技术的迅猛发展，高校教育也须与时俱进，进行信息化建设。这就要求高校的教师要具有革新精神，对旧的、不实用的教学观念进行摒弃，勇于接受新事物，只有这样，在教学过程中才能够实现教学观念的革新。具体来讲，培养完善和专业的教师队伍可从以下两方面着手：

第一，教师要树立革新的观念。教师自身要不断提高信息素养，对信息化教学对高校外语教学的积极影响有客观的认识。除此之外，在实际生活中教师还要主动学习先进的信息化技术，尽早掌握实践操作的能力。

第二，教师在实际的教学过程中，要根据高校外语教学知识的特点，将信息化教学融入外语教学中，在教学内容、教学方式和教学模式上进行革新，从而设计出符合高校学生认知特点的教学内容以及能够激发学生兴趣的教学方式和教学模式。举个例子来说，教师可以利用信息化技术，将音视频软件应用到外语教学中，从而提升学生的兴趣，确保教学质量的提升。

三、基于超学科理念，组织跨课程主题学习

超学科理念主要是指在复合型外语人才培养的过程中，为了使学生获得新的学习体验，将外语学科和其他学科进行整合。跨课程主题学习就是在超学科理念的基础上形成的，是学生进行多学科学习的桥梁。跨课程主题学习一般是从某一主题出发，使学生进行相关学科系列课程的核心概念的学习，另外还要对这些相关学科课程的原理、语言知识等进行学习。因此，跨课程主题学习是高校培养复合型外语人才的有效实施路径。

高校要想组织跨课程主题学习，可以从以下三方面着手：

第一，要注意对学习内容进行整合，并且注意内容的开放性。这里的"整合"主要包括两个方面的内容：一方面是对学习主题所涉及的多门学科内容进行整

合，另一方面是指对跨课程语言的整合。其中跨课程语言指的是学生在学习各类学科课程的时候需要用到的所有语言条目，即学习内容性语言和学习过程性语言。其中学习内容性语言是指特定学科专业术语，而学习过程性语言则是指学生在学习过程中，为了更好地进行表达而需要的一些语言技能。而"开放"则是针对课程实施者来说的，在学生学习的过程中，要求课程的实施者为其提供外语和其他学科联系的机会，并且为了帮助学生进行学习反思以及将所学知识应用到实践中而组织相关活动。

第二，跨课程主题学习的组织、开展，要求高校教师为学生的学习创设真实而具体的学习情境。要想达到这一目标就需要课程实施者为学生的学习创设具体的情境，如把学生将要学习的主题同学生的日常生活相结合，使之产生联系，让学生能在较为真实的环境下进行抽象概念的学习。

第三，高校在组织跨课程主题学习的时候还要注意开辟学生多样化的学习途径，并且使之协同发展。具体来讲，课程实施者可以引导学生通过利用多种媒介、多种渠道来获取主题学习的相关学科知识。不仅如此，课程实施者还要帮助学生将获得的知识进行整合，从而使复杂的学习问题得到解决。

四、发挥跨文化特性，开展"多极对话"

事实上，复合型人才的培养会涉及多元文化。"多级对话"在复合型人才的培养过程中实际上就是不同文化之间的有效沟通。"多级对话"的目的不是为某一种特殊的文化进行辩护，以保持其优越性，也不是为了将世界多元文化通过排除差异性意见而形成同质化世界。从根本上说，"多级对话"的宗旨是坚持和倡导世界的多元性特点。那么，在复合型人才培养的背景下，可以通过以下两个方面组织学生进行"多级对话"活动：

（一）开展本族文化与他国文化的"多极对话"

在进行复合型外语人才培养的过程中，学生的学习环境中充斥着多元文化，不仅包括本族文化，还会有许多外国文化。本土文化与外来文化共存也是复合型外语人才培养的一大特征。在这样的学习环境中，学生在教师的引导和教育下可以从多元文化视角出发，去了解、发现、看待各个民族的差异。这些差异不仅包括各民族对事物的看待方式，还包括各民族所持的价值观等。教师在培养复合型外语人才的过程中，要带领学生进行本族文化和外国文化的交互，文化交互中，利用批判性思维，吸取外国文化的精髓，传承和弘扬本族优秀的文化，培养学生的高阶思维。

（二）开展外语学科文化与其他学科文化的"多极对话"

任何一门学科都可以算是一种文化"产品"，或者说是一种文化现象。学生学习一门学科，实际上是对某一特定文化的学习。因此，可以说学生学习特定学科的过程是进入特定学科文化的过程，这一过程也被称为"文化化"的过程。我们都知道外语蕴含了独特的学科文化，然而实际上，其他学科也是这样的，同样蕴含着该学科的学科文化。因此，教师在进行复合型外语人才的培养过程中，应该引导学生利用对比、分析、重构等方法对所学的学科主题及其涉及的不同思维方式、话语体系等进行掌握，帮助其形成开放性思维。

五、不断优化以及完善教学方法

在信息化的背景下，高校教师在进行教学活动时，为了培养复合型外语人才，应该积极改革旧的、过时的教学方法，进行创新。这是实现信息化多元教学的保障，也是使教学质量和教学水准得以提高的保障。教师在优化和完善教学方法的时候可以从以下两方面着手：第一，调整现有的教学内容，合理规划未来的教学计划。在进行教学内容调整和规划教学计划的过程中，必须从信息化教学的实际特点出发，充分考虑学生发展的实际情况。之所以要考虑信息化教学和学生发展的实际特点，是因为只有这样才能真正实现有针对性的信息化教学的目标。第二，选择多样化的教学服务模式。教学服务模式的多样化能为学生提供新的学习途径。举个例子来说，远程点播课程的方式能够打破传统的课堂教学模式，属于线上远程教学，学生可以不用去该教师的课堂上，在任何地方都能观看教师对知识的讲授。这种新颖的上课模式能吸引学生的学习兴趣，使教学效果得到极大提高。

第五章 对外传播视域下的复合型外语人才培养

在全球化语境下，一个国家的对外传播能力作为决定其国际形象塑造、国际影响力构筑以及国际话语权建设的关键因素，已成为国家软实力的重要组成部分。高校的复合型外语人才的培养是推动文化对外传播的重要路径，本章首先分析了高校外语人才培养的现状与问题，然后阐述了文化对外传播的现状和意义、对外传播复合型外语人才的核心素养，最后总结了对外传播复合型外语人才的培养路径与措施。

第一节 高校外语人才培养的现状与问题

文化的对外传播与交流和外语专业人才的素质和能力有很大的关系，如何促进文化对外交流，这必然涉及外语人才的培养问题。外语人才是进行文化对外传播的中坚力量。对外语人才培养进行研究，从中发现问题、解决问题，培养更多、更优秀的人才，也是促使文化"走出去"的重要举措。

自改革开放以来，我国外语教育得到重视，外语人才培养取得了一些成绩。然而，依然存在诸多问题。复合型外语人才的培养应当结合院校实际情况，培养不同特色的复合型人才，如旅游方向外语人才、新闻传播方向外语人才、国际贸易方向外语人才等等。

在文化产业国际化的进程中，复合型外语人才应当成为主力军。高等院校外语专业应当不断更新教学理念，创新教学模式，深化文化"走出去"意识；人才的培养不能仅限于学术型，而应当着眼于国家文化建设工作，适应国际化的要求，着力培养应用型外语人才。复合型外语人才的培养与国家软实力的提升有密切关系，高校外语专业应着眼长远，立足国际市场，培养精通中国文化、有能力宣传和传播中国文化的人才。总之，外语人才必须承担起国家文化发展的使命，精通中国的语言和文化，又具备良好的外语知识和技能，有效促进中外文化之间的交流。自改革开放以来，我国对外语人才的培养极其重视。然而，人才的培养却存在一些问题，尤其是复合型外语人才的培养。

我国在外语人才培养方面积累了大量经验，为未来的人才培养提供了重要的参考和依据，有利于培养出更多优秀的人才。我们应当总结经验教训，顺应社会发展的潮流，培养出符合社会要求的人才。外语人才培养存在的问题主要有以下几个方面。

一、"两张皮"现象较为普遍，中文出现危机

很久以前，吕叔湘先生关于"两张皮"的深刻论述，反映出外语与汉语之间相互隔绝的现象。在外语教学中，有的人强调用外语进行交流，用外语授课，用外语进行写作，甚至有人提倡用外语来思考。但这是否真正有利于学生的成长，答案当然是否定的。潘文国先生介绍了"两张皮"现象的由来，并且提出了对策。潘先生指出，在20世纪前半叶，基本上不存在"两张皮"现象。他提议，外语和汉语"两界学人联手出击，形成一股合力攻克难题"[①]。潘先生于2008年出版了《危机下的中文》一书，并在2009年撰写的《中文危机拷问语言学理论》一文中称："写完《危机下的中文》一书后，头脑里有挥之不去的一种沉痛感。"[②]潘先生的沉痛感来源于社会责任感，他呼吁："我们要借挽救中文危机之时，重整中国语言学的雄风，这样才能真正立足于21世纪，无愧于中华民族伟大复兴这一壮丽璀璨的事业。"[③]他认为：一些外语专业的大学生汉语能力低下，这会危及人才的质量。外语专业的学生如果连现代汉语都说不好，就更不用说是古代汉语了。汉语词汇贫乏，口语、写作都是大白话，缺乏文采，甚至有时会出现语法错误，对古代汉语十分畏惧，其原因就在于国学教育在外语人才培养中的缺失，导致大量的外语专业学生对古代汉语有陌生感。"部分大学生不能用母语清楚、准确、规范、

---

① 潘文国. "两张皮"现象的由来及对策[J]. 外语与外语教学，2001（10）：34-35，37.
② 潘文国. 中文危机拷问语言学理论[J]. 杭州师范大学学报（社会科学版），2009，31（03）：28-34.
③ 潘文国. 中文危机拷问语言学理论[J]. 杭州师范大学学报（社会科学版），2009，31（03）：28-34.

流畅地表达思想感情的现象并非少见，有的甚至动笔就是错别字连篇，语病累累，更别说通过母语的学习来养成优秀的文化品格了。这种情况不仅严重地影响了大学生的成长、发展和创新能力，而且很容易会由于其母语意识的淡薄而形成虚无的、反文化的态度。"①中国人尤其是部分年轻人的汉语表达能力低下，中文的生存状况竟然产生了"危机"，这是多么可怕的事情！

二、文化自觉意识的缺失及其严重影响

保护和发扬民族文化是青年学生的任务，而一个人对本国文化态度的重要表征就是文化自觉意识。每个人对待民族文化都要有正确的态度，积极、热情地看待本民族的文化，既不妄自菲薄，又不妄自尊大。在外来文化不断输入的背景下，要保护好本民族文化不受外来文化的侵蚀，主动担负起发扬民族文化的重任。只有这样，才能对本国的民族文化进行有效保护，进而使民族文化得到发扬，并不断壮大。

作为一名高校外语教师，要具备母语文化意识。在教学过程中，教师要明确自己的责任和义务，不仅要为学生传授外语知识，还要时刻谨记自己在育人方面的责任。教师的言传身教会对学生产生极大的影响，因此教师自身的母语文化素养也会对学生产生直接的影响。但是在某些学校，存在对目的语国家语言和文化的教学偏重现象，忽视了对本民族文化方面的教学。在这样的背景下，我们必须注意加强对本民族文化的认同，不可以因过度强调外语教学而忽视我国的语言和文化。

三、人文素质教育缺失

（一）"一元"文化的误区

我国个别高校外语教学中的文化教学往往侧重目的语文化的输入和习得，却忽视了对中国文化的学习，结果造成了"一元"文化的误区。世界文化是多元的，在外语教学中如果只是单单注重目的语文化，忽视中国文化的学习，会影响学生的发展。因此，外语教学中应当注重目的语和母语文化的学习与结合，主张本土

① 王梅英.重视传统文化教育培养新型外语人才[J].黑龙江高教研究，1998（04）：92-93.

文化的回归。

相关学者针对这种现状进行了研究，研究结果表明，在个别高校外语教学中，中国文化的内容还远远不够。

（二）学生的创造性思维能力得不到开发

当代大学生心目中的外语创新人才的内涵由创新知识、创新能力、创新个性、创新品质构成。可是，纵观外语专业学生思维能力的研究，我们发现，学生的创造性思维没有得到充分开发。创造性思维能力得不到发展，学生的创造能力低下，也就阻碍了他们各方面素质的提升，最终造成整体素质偏低的状况。

（三）学生的知识面较窄

对外语专业的学生而言，他们的知识面相对来讲较窄，对常识性的知识缺乏认识和了解。并且，很多外语专业的学生是文科出身，对于理工类知识比较陌生。因此，扩大学生的知识面，加深对常识的认知和了解是高校外语专业进行素质教育的必然选择。这样既能活跃课堂气氛，拓宽学生的知识领域，又能提高学生的学习兴趣和整体素质。随着网络和信息技术的普及，外语专业教学应当摆脱课堂的束缚，实现教学资源的多元化，形成"基础扎实、知识丰富"的人才培养特色。

（四）外语教育成为"工具性"训练，缺乏"人文性"的引导

在功利主义的影响下，外语教学往往被当作一种工具性教育，以培养学生的听、说、读、写、译能力为主要目标。"工具性"训练阻碍了学生的全面发展。人文素质的培养和外语教育是一个有机体，不能割裂开来，更不可偏废。人文素质的培养应当贯穿外语教学的各个环节，贯穿到听、说、读、写、译技能的提高过程中，以培养学生的综合素质为目的。

四、用外语传播中国文化的能力不高

外语专业的学生跨文化交际能力低下的主要表现之一就是中国文化外译能力不高。有学者对外语专业学生中国文化外语表达能力的现状进行了研究，结果表明：大学一年级、二年级、三年级的表达能力随着年级的增长呈逐渐上升的趋势，尽管如此，但整体水平还是不尽如人意。结合教学现状，有教师提出了提高学生中国文

化外语表达能力的途径与方法：一是改变传统外语教学观念，重视中国文化教学；二是培养学生正确的文化观；三是培养学生的文化创造力。还有学者对外语专业学生"中国文化失语"的状况进行了调查研究，并从这一角度出发，对学生的跨文化交际能力进行了研究，结果发现，学生的跨文化交际能力不高。吕丽盼、俞理明指出，"外语教学跨文化交际能力培养不仅应包括培养学生掌握目的语及其文化的能力，还应包括培养其用外语表达本土文化的能力以改善目前外语学习者'本土文化失语'症状"[1]。

五、运用能力不高

外语专业的学生对所学专业知识的运用能力主要包括其在进行不同文化间的交流时，所具有的合作能力、协调能力、适应工作的能力、提出建议以及对提出的问题进行讨论的能力、组织能力、为人处世的能力、灵活应变的能力等。然而，在外语教学中，高校往往对学生的应用能力不够重视。另外，外语人才的培养模式对各种理论课程过分强调，要求学生过早地进入专业理论的学习，直接导致了学生知识面窄、学科单一、应用能力较弱的情况。因此，高校在培养复合型外语人才的时候，要注重学生运用能力的提高。

第二节 文化对外传播的现状和意义

一、文化对外传播的现状

近年来随着我国经济的发展、科技的进步，无论是在经济实力上还是在科技能力上都取得了较大的提升。然而，一些包括对外传播能力在内的软实力发展相对缓慢。我国有着数千年的悠久历史，文化资源极其丰富。文化传播能力与国际形象塑造、文化安全保障、国际合作关系密切。下面重点介绍文化传播逆差对文化安全保障和国际合作方面的影响。我国的传统文化虽然有着数千年的积淀，并

---

[1] 吕丽盼，俞理明. 双向文化教学——论外语教学跨文化交际能力培养[J]. 中国外语，2021，18(04)：62-67.

且博大精深，但是由于对外传播能力有限，并没有实现对外有效推广。这种情况如果长期得不到改善，那么我国的传统文化甚至是民族精神就会遭受威胁。国际合作是世界各国经济、文化发展的必经之路。我国自改革开放以来，无论是在经济方面还是在科技方面都取得了较大进步。从国家层面来讲，中国推行"走出去"战略，可见国家力求促成各领域的国际合作。然而，正所谓"酒香也怕巷子深"，提高对外传播能力已然成为我国亟待解决的问题。在解决这一问题之前，首要任务是建设一支具备文化对外传播相关素养的复合型外语人才队伍。

二、文化对外传播的意义

（一）有利于提升国家或地区的外部影响力

文化是一个国家或地区在悠久的历史长河中积淀下来的，每一个国家或民族都有其独特的文化。我国是世界上最古老的国家之一，拥有数千年的悠久历史，文化更是源远流长。在我国数千年的历史中，无数先辈为我们留下了丰富多彩的文化瑰宝。随着我国经济高速发展，国际地位不断提高，我国的传统文化开始走向世界，世界各国也迫切想要了解中国。我国也需要向世界展示我们悠久的历史和众多的文化瑰宝，提高中华文化在国际上的影响力，让世界各国能够正确地认识中国，了解中华文化，认可中华文化。其有助于我国良好国际形象的树立，有利于加强我国与世界各国的文化和经济交流，从而实现世界各国和谐相处、共同发展。

（二）有利于民众更加注重本土文化自身的发展

中华文化的对外传播能使我国在国际舞台上的影响力得到扩大，这是毋庸置疑的，但是我们应该清楚地认识到，单单靠文化对外传播来提高我国的文化软实力是远远不够的，除了对外传播，我们还应积极地进行自我创新，提高自我发展的原动力。文化对外传播虽然能刺激民众进行本土文化建设，但是为了能在对外传播过程中更加全面、细致地宣传和介绍本土文化，还得培养一批对外传播复合型外语人才。他们必须对中华文化进行深入的研究和挖掘，很好地认识和理解本土文化，这样才能肩负起文化对外传播的重任。当众多的文化对外传播人才将我们的中华文化向世界传播后，如果能够收到良好的反馈，那么，我国民众就会深刻感受到中华文化在国际上的地位得到显著提高，从而激发民族自豪感和自信心，也会更加主动地投入到对我国传统文化的传播和传承中来。

第三节 对外传播复合型外语人才的核心素养

在文化对外传播的问题上，我国早已实施了一系列的措施，整体来看是坚持全方位、多领域的对外传播策略。对这一策略的实施，培养相关人才是关键。无论是国内企业的对外推广还是中华文化的对外传播，要想使工作顺利开展，都离不开高素质的复合型外语人才。因此，我国外语教育专家对复合型外语人才做了概念界定，复合型外语人才是指不但能够熟练地掌握一门外语，并且对该外语的相关技能和基本知识都有很好的掌握和理解，而且对其他学科的一些基本知识和相关技能也有所掌握，因此，复合型外语人才实际上是"一专多能"的人才。基于此，结合对外传播跨语言和跨文化的特性，我们要求复合型外语人才应该具备一定的核心素养，下面我们具体来进行论述。

一、外语语言素养

对外传播首先是以语言为基础工具的，只有语言相通，才能进行各种交流。对外传播的过程事实上是通过语言对对外传播内容进行编码，使国外的受众能够听懂。由此看来，对外传播复合型外语人才，必须具有较高的外语听、说、读、写、译的能力。只有对外传播复合型外语人才熟练地使用外语，才能为我们的对外传播架起一座桥梁，从而使内外沟通的效果大大提升。

二、跨文化素养

我们已经了解到中西文化存在巨大差异，因此对外交流不是一个简单将信息转化为语言然后输出的过程，而是一种典型的跨文化交际活动。基于此，当对外传播复合型外语人才与外部沟通进行文化传播的时候，要注意跨越文化障碍，了解外国受众的文化背景，并在外国受众的文化背景基础上以其易于接受和理解的方式传播相关信息。因此，具有外语交际能力的对外传播复合型外语人才不仅需要对中国文化有深刻的认识，还要熟悉西方文化，了解人们在习俗、传统、价值观等方面的差异，再通过自身掌握的技能和策略，开展跨文化活动。

三、新闻传播素养

作为新闻传播学科的一个分支，对外传播具有新闻传播活动的一些特点和规律。基于此，对外传播复合型外语人才除了要掌握外语交流的相关技能，还应该对新闻传播学科的基本理论和传播活动的特征、规律有所了解。除此之外，随着互联网的发展，当前早已进入媒介融合的时代，因此对外传播复合型外语人才在提高新闻传播素养的同时，还要熟悉互联网新媒体技术，以便更好地在新媒体时代进行对外传播活动。

第四节　对外传播复合型外语人才的培养路径与措施

虽然我国高校在对外传播复合型外语人才培养方面已经取得一些成就，但目前仍存在一些问题。结合我国对外传播事业的发展，以及对传播人才的迫切需求，在培养对外传播复合型外语人才的过程中，我国的高校可以从专业设置、人才培养方案制订、课程体系构筑、教学模式构建等方面着手。下面我们将分别从这四个方面进行具体分析。

一、专业设置方面

纵观我国现今高校关于对外传播复合型人才的培养，高校对于专业的设置以及人才培养的质量，还无法满足我国对外传播复合型外语人才的需求。基于此，一些有条件的高校应该积极转变专业设置的思路，打破传统的"专—外语"模式，创造性地构建"外语＋新闻传播"复合型人才，从而使外语人才掌握外语和新闻传播两个学科的基本知识和技能，以满足国家对外传播策略实施的需要。

二、人才培养方案制订方面

在新专业人才培养方案制订过程中，要充分考虑以下方面的问题：第一，新专业人才培养要符合教育部制定的《外国语言文学类教学质量国家标准》（以下简称《国标》）的相关要求；第二，新专业人才培养方案要突出新专业人才的培养特色。除此之外，在人才的知识结构和能力构成方面除了要符合上述《国标》中的一些要求（如外国语言知识、外语运用能力、跨文化交际能力等）之外，还要遵从新闻传播专业的相关学习要求。

在制订新专业人才培养方案的基础上，还要完善和细化新专业人才的一些知识和能力。这些知识和能力是这些人才所必需的，应该符合相关行业和企业的要求。因此，在对人才培养方案进行细化和完善的过程中，高校应该联合政、产双方推进工作。具体来讲，首先从政府的角度来看，对新专业人才最重要的是要有中国立场，在开展对外传播活动的时候要在党的领导下依托国际视野进行；其次从企业的角度来讲，对新专业人才也有一些要求，如掌握机器翻译、云翻译等开展新时期复合型外语工作的相关技术。除此之外，新专业人才的培养还要考虑对外传播媒体机构的要求，让新专业人才了解并且熟练掌握新媒体时代的信息传播技术与方式。

三、课程体系构筑方面

（一）围绕新专业人才的核心素养打造必修课程

新专业人才的培养要注重对外语语言素养、文化素养、新闻传播素养三大核心素养的培养。针对这三大素养，要设置三大必修课程群。举个例子来说，在培养新专业人才的语言素养的时候，在课程设置上既要包括听说和读写，还要包括口译和笔译；在培养新专业人才的文化素养的时候，课程的设置既要包括中外文化比较，也要包括跨文化交际等；在培养新专业人才的新闻传播素养的时候，为了使学生的对外传播能力得到实效性提升，在课程的设置上要注意包括国际传播实务、国际新闻理论、媒介融合概论等课程。

（二）针对社会特色需求开设选修课程

随着社会对各种人才的需求日益增多，对于新专业人才的培养，要充分考虑社会特色需求，并且针对这些需求有针对性地进行系列选修课程的建设。举个例子来说，我国在文化领域实施中国传统文化"走出去"战略，在这样的背景下，就要求高校开设一些有关中国传统文化的选修课程，如中国文明史、中国传统文化、中国人文经典等。进入 21 世纪，随着经济、科技的发展和信息技术的进步，人们已经进入信息技术时代，在这样的背景下，培养对外传播复合型人才的同时，还要设置机器翻译、在线语言项目管理等课程，以确保复合型人才能够适应时代的发展。随着网络和新媒体的发展，在对外传播复合型人才的培养过程中，还要开设数字媒体技术与运用、跨媒体技术等课程，从而使对外传播复合型人才能够运用新媒体进行文化的对外传播。

（三）结合对外传播的特点引入国外慕课课程

对外传播实际上就是一项传播活动，将需要传播的内容从一种文化群体传给另一种文化群体，中间跨越了文化的障碍。我国要想实现有效的对外传播，就要求传播者充分了解西方现代文化与流行传播的形式，在此基础之上，才能推进传播活动的进行。在对外传播复合型人才的培养过程中，要想使学生更加直观、准确、系统地学习这方面的知识，可以引入国外慕课课程，如 Coursera、Udacity、edX 等都是国际知名慕课平台，高校在进行筛选之后可以将国外名校开设的相关慕课课程引入，为学生提供学习素材，从而促进其传播能力的提升。

四、教学模式构建方面

对外传播复合型人才实际上属于应用型人才，因此不仅要具有对外传播相关的理论知识，还要具备较强的对外传播语言应用能力以及业务实操能力。但是就目前看来，传统的课堂面授教学模式远远不能满足学生对外传播语言应用能力和业务实操能力的锻炼。因此，高校在开设新专业后，在教学模式上也要做大胆的改革。具体来讲，可以围绕新专业人才的对外传播语言应用能力和业务实操能力进行如下教学模式的创新：

（一）基于网络技术开展翻转课堂教学

翻转课堂教学是近年来兴起的一种教学模式，这种新型信息化教学模式依托网络技术，方便并且新颖，深受学生们的喜爱，在我国高等教育领域备受推崇。在传统的教学流程中，教师在教室的课堂上讲，学生在课堂上进行知识的学习，在课下做一些练习。而翻转课堂教学模式完全打破了这种传统的教学模式，在互联网技术的支持下，将学生对基础知识的学习放在课前进行，也就是说在课前的时候，教师给予学生在线指导，让学生对基础知识的学习以自主的形式完成，这样就会为课上相关技能的训练节省出宝贵的时间，从而使学生有足够的时间对所学知识进行实践训练。因此，在新专业教学过程中采用翻转课堂教学模式能够转变教师主导的独白式课堂教学方式，使课堂教学成为以学生为中心的专业能力训练基地。如此，便可以为学生相关专业能力的提高提供更多的帮助。

（二）联合企业单位开展实践教学

设置新专业进行人才培养的过程中，要注意与社会的需求对接。要想培养出业务能力强、有能力开展对外传播的复合型外语人才，就必须走出校门与社会接轨，避免闭门造车。具体来讲，学校在进行复合型人才培养时，要联合校外具有对外传播业务的媒体机构、企业等开展实践教学，使学生在学习理论知识以后能够及时地深入企业单位进行实践，一方面使学生对自己即将从事工作的种类、特征、标准和要求等有更为直观的了解和准确的认识，另一方面还可以帮助学生锻炼业务实操能力。

第六章 文化产业国际化与复合型外语人才的培养

在政治经济全球化的今天，文化全球化也成为当今社会的发展趋势，文化实力的竞争也逐渐成为世界各国关注的焦点。本章聚焦文化产业国际化下的复合型外语人才的培养，通过阐述我国的文化交流与文化产业国际化以及文化产业国际化下的高校外语人才培养新视域，总结出文化产业国际化下的高校外语人才培养改革举措。

第一节 我国的文化交流与文化产业国际化

一、我国文化对外交流现状

"一个国家的文化产品及服务出口结构可以很好地反映一国文化产业的优势与劣势所在，进而反映一国文化产业的结构特点，为一国文化产业的进一步发展提供依据和方向。"[1] 改革开放以后，中国的经济和社会都得到了前所未有的发展，中国的文化亦是如此。文化产业在国家政策的指导下也得到了很大的发展，对外文化交流取得了很大的进步。然而，我们不得不警醒自己，我国文化在对外交流中依然存在不足，我国的文化产品在国际市场上的占有率较低，中华文化正面临着外国文化的挑战。此外，知识密集型的文化产品与服务所占比重较小，文化产品缺乏创新与高新技术的支持。本节首先将综述我国文化对外交流现状，再进一步分析造成这一现象的原因，进而提出措施和策略。

---

[1] 李怀亮，虞海侠. 我国文化产品和文化服务出口结构及竞争力分析 [J]. 国际贸易，2013（09）：59-66.

第六章　文化产业国际化与复合型外语人才的培养

（一）国际文化贸易得到发展

改革开放以来，我国的经济得到了很大的发展，科学与技术手段逐步提高，这与国际贸易是分不开的。尤其近些年来，中国加入世贸组织，成功举办北京双奥会和上海世博会等，这都为我国文化产品参与国际竞争提供了机遇。在这几十年里，人民的生活水平大幅度提升，文化消费也逐渐增加。现有国际交流步伐的加快，使我国的国际文化贸易取得了长足的进步。另外，随着国有经营性文化单位转企改制的进行，我国涌现出了许多具有较强实力和竞争力的文化企业和文化集团。自文化"走出去"战略实施以来，我国文化产业呈现出蓬勃发展的良好态势，国际竞争力逐渐提高，文化产品输出量也呈增长趋势，国际文化贸易得到发展。尤其是近几年来，我国的文化产业中涌现出了一批深受广大人民群众喜爱的文化精品，产生了一批具有国际竞争力的演艺、动漫、游戏等，成功打造出了一批文化会展节庆活动。并且，国家还着力推进建设具有中国文化特色的主题公园。除此之外，我国还与外国签订主题公园文化产业项目，随着多个主题公园项目的完成，我国已经成为继美国之后的第二个主题公园出口国。

随着我国综合国力的提升，越来越多的外国友人来中国旅游、学习、娱乐。仅以旅游业为例，每年接待外国游客的数量呈上升趋势。这是因为我国旅游资源丰富，为旅游业的发展打下了良好的基础。现代化高新技术的渗透，改善了人们文化消费的结构。旅游消费逐渐成为人们放松身心、享受大自然的方式，同时也成为外贸活动新的增长点。

大型国际会议和合作组织会议在中国的召开也促进了中国文化贸易的发展。仅以 2008 年北京奥运会开幕式为例，几个小时的开幕式可以说气势恢宏，把中国几千年的文明展现得淋漓尽致，让全世界的人民大饱眼福。这是一场文化盛宴，是文化交流的盛会，它带领全世界人民领略了中国博大精深的文化风貌。中国作为四大文明古国之一，一场奥运会开幕式让人们重温中国的文明史，将中国传统文化、民族特色文化、现代文明都囊括其中，让人回味无穷。这场文化盛宴也引起了全世界的关注，并赢得了全世界人民的赞誉。北京奥运会为全世界人们认识北京、了解中国提供了前所未有的机遇。这次文化盛会向全世界展现了具有典型特征的中华文化，向世界传达了中国悠久的历史，以全新的姿态诉说着中国过去的辉煌，也预示着中国更加灿烂的明天。这样的文化盛会必然会树立起人民的文化自信心，也必然会对中国文化产品在国际市场上的销售产生深远的影响。

（二）文化贸易逆差

我国在国外尚未形成完善的海外文化产业聚集区，文化产业利用外资率也比较低，文化产业在国外的发展阻碍重重，文化产业国际化还缺乏经验。我国的文化贸易与我国文化资源大国的地位不相称。

（三）文化误读

由于中外文化在核心价值观和思维方式上的差异，中国文化产品和服务出口到国外有时会产生文化误读。中国文化对外交流的一个典型特征便是复杂性。由于对目的语国家的文化缺乏深入了解，加之没有采取正确的表达方式，中国文化传到国外有时只是单方面的，并没有被对方吸收和融合。文化误读阻碍了中国文化的对外传播。它会导致中国文化在国外遭到排斥，无法实现真正的对外交流。例如，中国人自古以来讲究孝道，然而这一"孝道"却经常引起西方人的误解。中国电影和电视向外国观众传达的信息有时也会被外国人误解。一些没有来过中国的外国人仅通过影视资料是无法了解中国的全貌的。

（四）文化产业国际化受阻

我国是一个文化大国，有着泱泱五千年的文化积淀，然而纵观近年来我国的对外文化贸易，呈现出规模小、数量少、效益低等特点。这些实际情况并没有充分体现我国文化大国的形象和内涵，另外，与我国在国际社会中的政治地位、经济地位也不相符。随着外国文化的不断输入，我国文化产业走向国际化的步伐受到阻碍。尽管我国的对外文化贸易取得了一些成就，但是由于西方发达国家文化产业的发展早于我国很多年，因此，我国文化产业发展至今还处于被动地位。

二、文化产业国际化的战略选择

随着经济全球化的不断扩大，传播技术不断发展，世界各国之间的文化交往也日益频繁，文化贸易数量不断增大，使文化全球化的步伐不断加快，进而促进了世界范围内的文化消费市场的形成。世界各国的文化消费无论是消费种类还是消费价值观念，又或者是消费时尚，都变得越来越国际化。在这一背景下，世界各国的文化产品拥有了更加广泛的销售市场,也更加从根本上促进了世界文化产业的国际化发展。在当今时代,要想实现中华文化走向世界的目标,可以采取如下途径:首先要积极寻求我国文化与世界文化市场的对接口;其次,要坚持实施中华文化"走出去"战略,其前提是依托中华传统文化,发挥特色文化产品的载体作用;最后,要打造国际文化贸易合作平台,以形成全方位的国际合作大格局。

我国幅员辽阔、历史悠久,是文化资源大国,各族人民在历史发展过程中都创造了丰富多彩的文化。我国加入世界贸易组织之后,面对国外文化市场的进一步开放,我们应努力顺应开放的潮流,进一步壮大我国文化产业的实力。为了实现这个目标,要采取适当的措施,一方面要对我国的文化进行维护和发扬,另一方面还要适应国际市场的需求。

从长远来看,中国要想确立大国地位,文化产业的发展战略就必须基于全球视角进行内外统筹,只有这样才能使我国的文化产业进入全面国际化时代,也才能使我国文化产业实现外向型发展,从而为中华文化的全面复兴起到助推作用。文化产业发展的国际化能够使我国文化产业在全球化的语境中得到全面提升。

目前看来,我国文化产业的发展空间很广阔,但还存在一些问题。如何加快我国文化产业发展的国际化,是时代对我们提出的更高要求。我们要想实现文化产业发展的国际化,不仅要继承前人成果,更重要的是在继承的基础上不断推陈出新。只有不断地进行文化成果的创造与创新,才能在更加开放的空间里以更加开放、包容的姿态打造文化品牌,推动文化产业的发展。

(一)着重中华传统文化的传播

和其他具有国际竞争力的产业一样,文化产业的国际竞争力也来源于文化产品的差异性和独特性。作者认为,构成一国文化的独特性和区别于其他国家文化的差异性主要是植根于传统文化。传统文化是一个国家的文化之本,是一个国家的历史传统和道德理念的体现。任何民族文化的差异性和独特性都是由于其传统文化的不同而产生的。传统文化是国家文化创新的资源,通过创新传统文化,创造出与现代社会生活相适应的、适应国际语境的文化产品,是一个国家文化产业发展国际化的重要途径之一。只要找到传统与现代相结合的平衡点,打造符合现代人的消费习惯和审美情趣的文化产品,传统文化在当今社会就可以产生巨大的影响力和号召力。

中华传统文化是我国文化的根基，是我国文化产业发展的核心部分。我国文化产业国际化，面临的首要任务就是中华传统文化的传播。我国五千年的文明铸就了灿烂的文化史，有着其他国家所不具备和无法赶超的能力。传统文化是民族认同感和凝聚力的源泉，也是维系民族和国家发展的支柱，是我国人民在历史中创造的文明成果，是智慧的结晶，是我国人民的文化基因，是中华民族屹立于世界之林的精神动力。中华传统文化也是中国精神的集中体现。中国文化产业国际化，应当生产出更加优秀的、体现中国精神的文化产品，让中华传统文化在全世界的思想道德建设和文化建设中发挥重要作用。弘扬传统文化，用传统文化推动国家形象的提升，以文化优势提升我国的软实力，挖掘传统文化的道德力，提升我国的综合国力。

（二）促进我国文化创新

文化创新是改变我国文化贸易逆差，增强中华文化凝聚力，提升文化软实力的重要途径。文化创新是在新的历史条件下，在各种文化的交融与碰撞中，采取辩证的、发展的态度对待西方文化，去其糟粕、取其精华。促进我国的文化创新就要重视文化的发展规律，在文化产业领域按照经济规律办事；重视各种新颖而有意义的文化创新理念，重视文化创意产业园区的建设；增加文化产品中的科技含量，出新品，出精品；提高文化产品的质量，适应国际市场的文化消费需求；优先发展具有高科技含量的新兴文化产业，做强做大优势产业；在了解本土文化的同时，熟悉国外的优秀文化，做到传承中华文化，借鉴和创新异域文化。此外，还应创新和拓展文化产品在国际市场上的销售渠道，通过直销、网络销售、代理、合作经营等多种销售渠道，扩大文化产品在国际市场上的占有率，增加外汇收入，改变文化贸易逆差的现状。同时还要打造具有中华民族特色的文化知名品牌，丰富题材和形式，体现民族风情，走国际化发展道路。

（三）提高我国文化产业的国际竞争力

要提高我国文化产业的国际竞争力，首先要改变异国文化产品充斥中国文化市场的局面。"文化产品蕴含着生产者的思想和观念，文化产品输出的同时也就是文化观念的传播辐射过程。文化产品出口对拉动一国经济增长、改善国际收支等经济目标以及传播各国文化和促进国际文化交流等都发挥着越来越重要的作用。世界各国和地区纷纷把促进文化产品出口作为提高本国及本地区文化影响力及文化竞争力的手段。"①我们要学会尊重并且保护我国的文化不受侵袭,只有这样,我们才能真正改变文化贸易逆差的现状,提高文化产业的国际竞争力。其次,壮大跨国文化公司的实力,鼓励文化事业单位和文化产业集团积极开展对外交流与合作,做好国际文化代理和中介服务工作,积极推广中国的相关政策和文化产品价值,以"做大做强"为目标,打造知名文化品牌。在文化产品的开发与研制中,加大高新技术含量,迎合现代人的消费习惯,扩大知名品牌的宣传力度,以此来促进文化产业参与国际竞争能力的提升。政府也应当采取措施,扩大我国文化产品的出口量。

我们应当在文化"走出去"战略的指引下,重视文化资源的开发与利用,扩大文化产品的输出规模,让全世界真正了解中国。"外向型文化企业要结合自身优势和特点,深入发掘和整理民族文化资源,开发具有自主知识产权的原创性产品,使国外受众易于接受,以更好地适应境外的文化需求。"②要努力提高文化产业的国际竞争力,扩大国际文化贸易,贯彻实施文化"走出去"战略,挖掘我国的文化资源优势,还应当结合文化企业自身的优势,并将其转化为文化产品,增加文化产品在异国的魅力,逐步缩小我国与其他国家的文化贸易逆差,打造"中国创造"的文化产品,加大我国文化产品在国际市场上的竞争优势。另一方面,在国际社会要做好文化宣传工作,以推介中国的优秀文化,增加中国文化的知名度。

(四)重视"国际型""复合型"文化产业人才的培养

要想使文化产业得到发展,离不开人才的培养。脱离人才,文化产业的发展会受阻。因此可以看出,人才是文化得以发展的主体。我国人才培养首要解决的问题就是培养出有利于文化产业发展的合格人才。

目前来看,我国的文化产业发展虽然取得了一些进步,但是相比于发达国家还有一定差距。与此同时,我国文化产业人才的培养也存在不足。突破瓶颈,加

---

① 李怀亮,王锦慧.文化产业发展与国家文化软实力的提升[J].河北学刊,2011,31(06):177-180.
② 陈伟军.文化贸易拓展:提升软实力与走出去[J].中国出版,2013(03):15-18.

快文化产业国际化的步伐是如今迫切需要解决的问题，这就要求我们在人才培养上下功夫。在这一现实条件下，我们要思考更多的问题，例如如何界定文化产业人才、如何培养文化产业人才等。

首先，文化产业国际化要求我们培养出来的人才必须精通一门或多门外语，这也是本书要讨论的问题。文化产业国际化是以语言为载体来实现的交流与沟通。因此，文化产业国际化这一时代主题要求我们培养出适合这一发展趋势的合格人才。我们培养出的人才既要精通语言，又要精通文化产业相关知识，即复合型人才。本书论述的人才培养就是复合型外语人才的培养。国际文化的交流必然有语言之间的交流，因此，我们应当加大中国语言的输出力度，促进语言在全世界的传播，并以此为先导，带动文化产品的输出。要培养出合格的人才，首先要创办有知名度和影响力的高校来承载这一历史重任。在国内，我们应当加大复合型外语人才培养改革的力度，培养出真正适应历史潮流的人才；在国外，我们应当创办孔子学院等机构，加大中国语言的宣传力度。然而，能够担此重任的依然是精通外语的人才。

其次，文化产业国际化要求我们在培养人才方面借鉴国际文化贸易人才培养的相关经验。这也是在文化产业国际化的背景下，由人才培养的跨学科性质决定的。

最后，文化产业人才的培养应当以国际化为前提，培养出"国际型"的人才。所以，在文化产业人才培养的过程中，应当设置外语专业课程和文化产业国际化比较课程等。

我国文化产业人才的培养，应当在立足本国实际的前提下，借鉴发达国家文化产业人才培养的经验。国外文化产业人才培养的经验告诉我们，在文化产业国际化的社会背景下，文化产业人才的培养实际上是复合型人才的培养。政府应当加大资金投入的力度，培养一批适应文化产业国际化发展趋势、满足市场需求的合格人才。文化软实力的竞争归根结底是人才的竞争。无论是文化产品的研发、生产、流通，还是贸易规则的制定与遵守，都要靠人才素质的提升才能得以实现。因此，培养合格的人才是关键。

只有站立在新时代的起点上，高瞻远瞩，立足中华传统文化的根基，审视我国文化产业国际化的进程，将我国文化产业国际化的短期目标与长期目标相结合，将国内与国外因素综合起来，统筹国内和国际两个文化市场，准确定位国际市场，才能全面开启文化产业国际化的新篇章，早日实现文化强国的梦想，并最终实现中华民族伟大复兴的梦想。

第二节 文化产业国际化下的高校外语人才培养新视域

一、文化产业国际化为复合型外语人才培养带来的新机遇

进入21世纪，各国之间的竞争不仅有政治、经济、军事力量上的竞争，还有文化力量的较量。面对新时代，社会对人才培养模式也有了新的需求。因此，全面培养复合型人才是时代发展的结果，是国家在文化产业国际化的时代背景下从国家长远利益出发而提出的。这一要求的提出不仅符合时代的要求，而且符合外语教学规律，是一项科学的论断。从文化领域的发展情况来看，21世纪是文化走向国际化交流和合作的重要时期，世界各国在文化交流上越来越频繁，关系也越来越紧密，国与国之间的文化软实力的竞争也越来越激烈。实际上，文化软实力的竞争从根本上说就是人才的竞争。也就是说，一个国家有了创新性的复合型人才，才能使自己的文化软实力得到提升，也才能产生巨大的国际影响力。另外，21世纪的显著特征还包括国际化。面对国际化的背景，我们必须开拓外语教育的新视野，培养出更多的创新型、复合型外语人才。只有这样，我们才能抓住时代发展的时机，促进我国文化进行国际化交流。

进入21世纪之后，各行各业对外语人才的需求都具有明显的国际化特点。文化产业的国际化同时又为复合型外语人才的培养注入了新的活力。文化的发展呈现多元化趋势，这样的背景对复合型外语人才也提出了更高的要求。主要表现在新的时代需要新的复合型外语人才，即具有创新精神和创新能力的尖端人才。然而，现如今我们实行的复合型外语人才培养模式已经不能满足社会对复合型人才的需求，能够胜任当今文化产业国际化发展的新型复合型外语人才可以称得上是行业精英，这种新型人才的培养是在以往人才培养规格基础上进行的一种提升。

在今天文化国际化、多元化发展的背景下，多学科之间的融合和交叉程度加强是文化产业发展的又一个鲜明特点。高校是人才培养的基地，是文化产业人才

的"青训营",每一年都为社会输送着各类人才。因此,高校对文化产业的发展具有重要的推动作用。目前来看,尽管我国高校在输送人才方面做出了很大贡献,但是整体来看,我国高校人才培养能力还是比较薄弱。面对这样的困境,高校应充分认识到要有针对性地进行文化产业学科建设。文化产业多元化、国际化的发展要求高校在人才培养过程中,要打破学科间、学院间、学校与社会间甚至是国际的壁垒,对学生进行多元化教育,从而为社会、为国家培养不同层次的人才。由此看来,外语专业与文化产业国际化领域之间的融合是社会发展的需要,也是国际交流与合作的需要。培养一批精通外语和文化产业国际化领域知识的复合型人才,已经成为一股不可阻挡的历史潮流。

在新的时代里,教育国际化趋势日趋明朗,办学力度加大,规模渐增,合作领域愈加广泛。国际化合作办学,也为复合型外语人才的培养提供了机遇。合作办学促使各国顺应形势,利用自身的教育资源,更新教育理念,拓宽办学思路,努力培养适应社会需求的人才。毫无疑问,合作办学也是文化之间的交流,必然需要一大批精通外语的人才,这也是时代为复合型外语人才的培养提供的有利条件。只有不断培养适合时代要求的外语人才,才能保证合作办学的顺利进行,才能培养出更多高素质的国际化人才。

培养复合型外语人才是一项复杂而又艰巨的任务,需要我们的努力和付出。为了培养出符合文化产业国际化这一要求的人才,我们必须在抓住机遇的同时,认真分析面临的挑战。

二、新机遇潜藏新挑战

文化产业国际化趋势加强为复合型外语人才的培养带来了新的机遇,但是不可否认,在新机遇中实际上也暗藏着许多危机。这些危机的存在使得我国复合型人才的培养面临诸多挑战,主要表现在以下方面:

(一)文化产业国际化为国家的文化安全带来了危机

我们已经了解到我国的文化发展随着西方文化的入侵受到了不小的冲击,不利于我国青年一代的发展。与此同时,对我国文化的对外传播也造成了阻碍。"文化贸易逆差"的存在,也为我国文化产业的安全带来了冲击。

（二）我国外语与文化产业国际化之间的融合面临挑战

我国文化对外传播与西方国家相比，起步比较晚。换句话说，我国的文化产业发展至今还处在初级阶段。对于文化建设、文化产业管理、文化产业人才的培养等方面，我国整体状况是滞后的。面对文化产业国际化的背景，如何提高人才素质、如何大力发展文化产业、如何对我国文化资源进行充分挖掘、如何利用人才智力优势在文化传播中做到扬长避短等，目前已然成为值得我们思考和探索的关键问题。除此之外，在文化产业国际化发展的背景下，需要我们将外语与文化产业国际化融会贯通，但是由于我国文化产业起步较晚，目前仍处在初级阶段，因此两者的融会贯通还在尝试阶段，不够成熟。在两者融合的过程中，我们可以参照复合型外语人才培养的历史经验，但是真正实现两者的结合只依靠历史经验是远远不够的，需要我们开辟出一条人才培养的新道路，因此在这个过程中必然是机遇和挑战并存的。

三、文化产业国际化背景下培养复合型外语人才的关键点

21世纪是世界各国文化产业发展的重要战略机遇期，我国的文化产业也迈上了一个全新发展的新台阶。首先，我国加入世界贸易组织，成功举办世博会等，为我国文化产品参与国际市场竞争提供了良好的条件。其次，各国文化资源逐步实现共享，文化时尚、文化生活日益丰富，促使各国文化产业依存度逐步加深。文化市场国际化、全球化，也为我国文化产业的国际化开拓了更加广阔的发展空间。再者，经济的持续发展，促使人们拥有更多的精神需求，文化消费快速增长。最后，国家十分重视文化建设，以此来提高人们的思想道德水平。这是建设社会主义和谐社会的基础，也是构建和谐社会的必要举措。在这样的环境下，我国的文化产业只有走国际化的道路，才能满足人们的精神文化需求，增强中华文化在世界上的竞争力。

创新是我国文化产业国际化的动力和源泉。其中，人才培养机制的创新是重中之重，是促进我国文化产业国际化的核心。只有在文化产业国际化的大背景下全面创新和改革人才培养体系，造就高质量的专业技术人才，确定人才培养的关键点，才能与时俱进，促进文化产业国际化的蓬勃发展。

（一）专业定位

在专业定位方面，对高校提出了一些要求。高校在进行专业定位的时候要从自身的优势和专业发展的实际情况出发，开设相关专业，不可以盲目跟风。只有立足自身的实际情况，才能制定出合理的人才培养目标。除此之外，高校在复合型外语人才培养过程中，还要明确其专业定位的要求，即"明确化""精确化"。根据外语复合型人才的定义，我们可以将培养复合型人才的新专业描述为"外语+X"，紧接着我们要考虑两个主要问题，即如何对其专业进行定位、如何处理好外语与X之间的关系。

1. 定位不可偏离

目前高校在复合型外语人才培养中，有时存在这样一种错误的做法。高校偶尔为了加强对复合型人才中"X"专业的学习，而忽视了本专业，从而导致专业方向的迷失。必须按照国家的相关规定对外语人才进行培养，不可以偏废，也不可以脱离外语这个专业方向。

2. 跨学科专业方向的定位

究竟X应当包含什么，这涉及专业定位的问题。当然，在文化产业国际化背景下，X必须是文化产业的某一分支学科，同时也必须具有国际性这一特点。然而，文化产业是一个很宽泛的概念，门类很多，如文学、艺术、服装、动漫、演艺、民俗工艺、旅游、新闻传媒等。它们都是文化产业的分类与专业方向。究竟如何来定义X，即文化产业专业方向，我们必须给出一个明确的定位，才能保证人才培养的质量。哲学中的重点论告诉我们，人才的培养也要突出专业特点，有所侧重地培养专业的人才。对于X的定位，我们不妨根据高校的特色和学生的学习兴趣来划分。例如，理工类院校的外语专业，就可以将X定义为以理工科为基础的文化跨学科专业方向；以旅游为特色的高校，就可以将X定义为旅游管理之类的相关专业方向。总之，只有给X一个准确的跨学科专业定位，我们才能制订明确的人才培养计划、培养目标、培养模式等。

3. 拓宽复合的领域

复合型外语人才的培养是从20世纪90年代开始兴起的。但时至今日，仍然有许多不足。其中一个典型的不足就是复合的领域较少，学科门类比较单一。因此，要拓宽外语与其他专业复合的领域，丰富学科门类，合理设置专业课程，这是新时代对复合型外语人才培养发出的呼唤。在文化产业国际化领域当中，复合型外语人才的培养应当具备明确的人才培养目标，有目的、有计划地开设人文、社科、艺术等领域的课程。在遵循外语教育规律的前提下，确立以外语为核心的人才培养模式，按照外语专业的标准打好外语基础。在此基础上，拓宽专业课程设置，尽可能开设丰富的文化类课程，并且明确方向，为学生将来从事文化产业方面的工作铺平道路。鼓励学生在学好外语专业知识、掌握外语技能的同时，将跨学科方向的知识渗透到学习和生活中去，从而在未来的工作中有所作为。各院校应当实事求是、因校制宜，发挥各自的优势，在文化产业的不同领域中寻求发展的动力，开拓人才培养的新领域，开办出自己的专业特色，构建别具一格的人才培养模式。

（二）人才规格

"复合型外语人才的聚焦点是人才规格，即这种人才在保持原有外语特色的同时，又被赋予了一定的专业属性，乃至在人才规格上形成了一种创新。"[1]

复合型、应用型外语人才的培养要求我们变换育人造才的模式，探索出更具包容性、跨越性，更富有弹性的多元化外语教育培养机制与途径，旨在克服传统外语人才培养模式的弊端，提高培养规格。因此，复合型外语人才规格较传统的人才规格应更高、更新颖，突出强调了应用能力，更加符合社会发展的需要。

为适应文化产业国际化这一发展趋势，培养出的复合型外语人才应当达到相当高的标准，才能称之为合格的人才。复合型外语人才培养首先应当强调"应用型""创新型""研究型""国际型"的标准。

1. 应用型

应用型人才是相对于理论型人才而言的，是从事某一生产技术的专业技术人才。应用型的人才能够将所学的专业知识和技能运用到他们所从事的职业实践中。这一类型的人才，需要符合以下几个条件：第一，应用型人才要对基础的专业知识有很好的掌握；第二，应用型人才要有比较强的操作技能和实践能力；第三，应用型人才要有创新精神，并且能利用自己的创新精神和创新能力将所学的知识运用到实践中；第四，应用型人才有较好的与他人相处的能力，并且有良好的团

---

[1] 蔡伟良. 对外语人才培养的思考——重读《关于外语专业面向21世纪本科教育改革的若干意见》有感[J]. 外语界，2009（06）：30-35.

队合作精神。

培养复合型外语人才，事实上是培养一批具备比较强的实践能力的人才。这类人才能够突破以往的局限，在实践中拥有较高的应用能力。由于这类人才不仅理论知识丰富，而且能将学到的丰富的理论知识应用到实践中，因此他们对社会的发展能够做出较大的贡献。事实证明，应用型、复合型的人才能够满足文化市场和社会发展对人才的需求，他们将自己学到的理论知识很好地应用到实践中，为国家发展既创造了经济价值，也创造了一定的社会价值。

因此可以看出，培养复合型外语人才无论是从国际方面来讲，还是从国内方面来讲，都是十分必要的。高校作为人才培养的基地，肩负着为社会和国家培养复合型外语人才的重任，然而如何使复合型外语人才的培养稳定发展呢？答案就是人才培养要适应文化产业国际化的趋势。只有培养出复合型的应用型外语人才，我国才能拥有国际竞争力。除此之外，复合型外语人才的培养在一定程度上还能改变我国人才素质偏低的现状，使他们拥有较强的社会适应性，在实际工作中表现出较高的应用才能，在解决所遇到问题的时候能够依靠自己熟练的技能独立完成。

2. 创新型

创新是一个民族进步的灵魂，是一个国家兴旺发达不竭的动力。创新能力是衡量当代大学能力的重要指标之一。长时间以来，我国的高校教育对学生创新能力的培养关注度不够，最终导致学生的综合能力不高。应试教育的落后观念，制约了人才的综合能力的发展。当今社会是一个开放型的社会，需要有大量具备创新能力的人才。

教育是培养人才和增强民族创新能力的基础，必须放在现代化建设的全局战略性重要位置上。我们要继续坚定不移地实施科教兴国战略，不断培养大批合格的中国特色社会主义建设者，不断造就大批具有丰富创新能力的高素质人才，不断提高全民族的思想道德素质和科学文化素质。这是实现中华民族伟大复兴的必然要求，也是我国社会主义教育事业的历史任务。

3. 研究型

要想成为研究型人才，除了必须具备创新意识之外，还必须有较强的创新能力。这种类型的人才还必须是产、学、研一体化的人才。由此可见，复合型外语人才的培养不是一蹴而就的，而要经历一个循序渐进的过程。它包括大学本科、硕士研究生、博士研究生各个阶段的人才培养，并非只强调本科阶段的人才培养。研究型的人才是拥有较强实践能力的人才，他们学以致用，能在实践中发现问题、提出问题，并且独立地创造性解决问题。不仅如此，他们还能将问题上升到理论的高度，将其形成研究课题。总之，研究型人才能够做到从实践中来，又能够服务实践、指导实践。作为高校教师，在研究型人才培养的过程中，要注意为学生搭建研究平台，帮助学生发现问题、解决问题，最终还要指导学生完成研究课题。学生的研究能力，无论是在课堂中，还是在课堂外都会有所体现。例如，在课堂中，学生可以将教学内容、教学实际、教材内容、教师授课内容、整体的教学进度以及师生之间的互动等形成课题进行研究。对于课堂中学生研究能力的培养，教师应该开设具有研究性的课程、论文写作、读书报告、课题研究等。在课堂外，学生可以结合实践，与相关部门进行配合，通过如实验设计、模拟练习、实习等一系列实践活动，创造性地提出问题，并对其进行研究，最终再在实践中对研究结果进行验证。

事实上，学生的研究能力与理论创新能力、实践能力之间存在着千丝万缕的联系。在复合型外语人才培养的过程中，要注重学生这三方面能力的训练。这就要求教师在教学过程中设计并开展的学习活动要具有研究性，并且能够使学生的研究能力得到拓展。另外，在教学模式的确立和考核方式的选择上，还要注意研究性，以利于启发学生的心智。这些不仅是教师在教学过程中要注意的问题，同时也是复合型外语人才培养的重要内容。

4. 国际型

"国际型"这一标准更能概括出文化产业国际化背景下复合型外语人才的培养方向。外语教学、文化教学应和国家文化产业发展相结合，从而使学生利用我国丰富的文化资源和国外市场，参与国际文化合作和竞争，扩大对外文化贸易，成为复合型的国际化人才。"国际型"既是对复合型外语人才培养标准的诠释，又是我国人才培养博大胸怀的完美呈现。在文化产业国际化的背景下，我们培养出的符合国际标准、服务国际社会的复合型外语人才，不仅仅是为了满足国内社会的发展，更是促进全世界进步的明智之举，更为重要的是彰显了我国传统文化思想中"和为贵"的精神。例如，上海外国语大学于20世纪90年代提出了打造"国际型人才培养创新平台"，大力拓宽外语人才的国际化视野；再如，北京外国语大学英语学院的本科培养目标为："培养具有扎实的英语语言文学专业基础、宽广的人文社科知识和出色的学习、思辨、创造、合作与领导能力的国际型、通识型精英人才。"[1] 毫无疑问，"国际型"也是北京外国语大学英语学院的人才培养目标。很显然，"国际型"已经成为外语人才的重要标准之一。这一规格可以体现出我们的培养目标，即培养出具有国际视野、国际竞争力，并且能够促进国际文化产业发展的高素质人才。"国际型"是人才培养的主要努力方向，更加体现了外语专业教学以更加开阔的胸襟，大力强化国际化专业建设的战略。

（三）能力指标

在对复合型外语人才进行培养的过程中，多元能力指标体系的建立十分重要，它可以使教育由单一型向多元化发展。能力指标的制定，要遵照一定的要求：第一，能力指标的制定要能对人才培养目标进行突出反映；第二，能力指标的制定要能够反映社会的需求；第三，能力指标的制定要能体现出人才发展的个性化需要；第四，在能力指标制定之前，要处理好总体和个体之间的关系，这也是制定能力指标的首要任务；第五，能力指标构建的同时还要建立立体式的综合评价体系，从而实现从多个维度考查学生的素质和能力。

结合上述"应用型""创新型""研究型""国际型"这四项标准，接下来，我们将从七个方面对复合型人才的能力指标进行详细论述。

1. 外语能力

要想成为复合型外语人才，首先应该具备良好的外语能力，这也是作为一个合格人才必需的能力。在复合型外语人才的培养过程中，教师要明确教学内容的主次关系，避免将英语作为辅助，而把跨学科知识和能力培养当作主要方面，这是极端的做法。复合型外语人才的培养重点应放在外语方面，首先学生应该是外语人才，其次在经过跨学科知识的学习后，再成为复合型外语人才。因此，复合型外语人才必须具备良好的听、说、读、写、译五个方面的能力。实际上，从我国外语教育的发展来看，无论是传统的外语教育还是复合型外语人才培养，都强调外语实际运用能力和外语人才从事工作的能力。复合型外语人才讲究"一专多能"，实际上强调的是"一"和"专"，而其中的"多"和"能"则是应该融合到

---

[1] 时敏.我国高校跨文化教育的发展趋势[J].当代经济，2014（13）：28-29.

外语教学之中，也就是将学生能力的提高同创新教育相结合，从而使复合型外语人才能够走健康、可持续发展的道路。

2. 文化素质

外语教学为我们架起一座通向外域文化的桥梁，承担着促进中国文化和外国文化交流的重任。然而，我们不得不清晰地认识到，外语人才培养的主要目标就是通过各种渠道和途径传播中国文化，培养外语人才的人文素质，加强他们的文化自觉和文化自信，将他们培养成为未来文化建设的中坚力量。

复合型外语人才必须具备良好的文化素质。我们应确立以中国文化为本位，以传播中国文化、促进中西文化交流为目标的教学理念。值得我们警醒的是，切不可走向另一个极端——忽视对外国文化素质的培养。因此，我们所倡导的文化素质是指中西合璧、学贯中西。

3. 文化创意与创新能力

当代的教育改革正在实现一个转向，那就是把对创新精神和创造能力的培养作为教育的核心任务。这一改革旨在改变以往以教师为中心、学生被动接受的教育传统，突出强调学生主动学习、积极探究。文化产业的发展对人才培养提出的要求亦是如此。创意与创新是文化产业人才应当具备的素质和能力。作为以文化产业为跨学科知识的复合型外语人才，必须具备文化创意与创新能力，才能适应文化产业国际化的发展，才是合格的人才。让学生意识到他们既是文化传统的产品，又是创造这一传统的参与者。中华民族伟大的文化复兴依赖于无数的文化创意者，通过文化创意与创新能力的培养尝试制订一个复合型外语人才人文艺术教育的长远计划，为每一个学生提供创造性发展的机会，使每一个人才的创造性潜能都能得到开发。

4. 跨文化交际能力

复合型外语人才培养的目的是培养高素质的对外交流人才，而跨文化交际能力便是复合型外语人才所必备的能力之一。不仅如此，跨文化交际能力也是外语教学的高级目标。所谓跨文化交际能力，就是指高校在培养外语人才的过程中，以培养学生的交际能力为基础，突破传统的外语科目单一化学习，而是锻炼学生与多种文化进行交流的能力。随着世界各国交流越来越频繁，文化国际化发展趋势增强，在这样的背景下对复合型外语人才提出了更高的要求。跨文化交际包括多个方面的内容，它不仅是语言方面的交流，还是文化产业中各领域之间的交流，如某一文化产业中的策划、设计、推广、销售等，在文化产品及各种服务的流通过程中，与外国交流贯穿在每个环节。因此，对于复合型外语人才的要求，不仅应包括良好的文化专业知识，还包括对国内外，尤其是国内文化产业发展趋势的充分了解。

除此之外，复合型外语人才的跨文化交际能力的培养要与时代和社会发展相适应。由于目的语的语言和文化是不断变化的，而这个变化主要是受到发展的影响，因此，跨文化交际能力的培养也应该顺应时代潮流。近年来，世界各国之间的交往不断深入、交际的范围也不断扩大，这使复合型外语人才的跨文化交际能力的培养更具时代性特点。举个例子来说，随着经济的发展，各国交流的不断深入，越来越多的外国人来中国旅游。从旅游业发展的角度来看，对外语人才的要求，早已不是单单会说外语就可以，更重要的是外语人才在对外交际的时候能够熟练使用符合市场经济需要的语言和交际技能。因此，高校对外语人才的培养不能一直停留在课堂上，这不利于学生对外交际能力的提高，教师应当鼓励学生积极参加各种实践活动。在这些实践活动中，学生能在真实的交际情境中对自己所学知识和技能进行锻炼，在学生切身体验后，能够找到自己对外交际中的不足并及时纠正，从而真正提高交际能力。与此同时，还应该培养学生科学的思维方法和沟通技能，使学生在对外交际过程中能有效地传播本国的文化，促进中外贸易的发展。

5. 跨学科知识与能力（文化产业方面）

跨学科知识与能力是复合型外语人才培养的中心。本节着重论述文化产业背景下如何培养复合型外语人才这一问题，因此，跨学科知识与能力专指文化产业方面。外语和跨学科专业之间的关系可以用一只鸟儿来说明：外语是鸟儿的躯干，跨学科专业就是鸟儿的两翼，缺少了躯干和两翼都是不行的。一旦缺失两翼，鸟儿也就失去了飞行的能力。因此，必须明确跨学科专业的重要性，只有这样，复合型外语人才才能如同鸟儿一样，飞得更高、更远。

6. 研究能力

研究能力在前文中已经有过论述，在此不再赘述。尽管我们十分注重复合型外语人才的实践能力，但不可忽视其研究能力的培养。

7. 综合能力

综合能力包括很多方面，如对知识的运用能力，提出问题、解决问题的能力，处理问题的能力，与他人合作的能力，开拓创新的能力，等等。人的全面发展教育理论告诉我们，无论是哪个专业方向的人才，都应当具备较高的综合能力，复合型外语人才也不例外。

四、人才培养目标体系

人才培养目标体系是国家教育方针指导下高等学校教育目的的具体化，是各学科专业人才培养目标的有机结构组成。人才培养目标体系与学生的发展、高校教育教学质量的提高、人才对社会的贡献等是一个有机的整体。从我国的教育理念来说，教育必须为社会主义现代化服务，必须与生产劳动相结合。从国家的教育方针来看，应该使受教育者在德育、智育、体育几个方面都得到发展，成为有社会主义觉悟、有文化的劳动者。所有这些，都为高校制定人才培养目标体系奠定了基础。对于复合型外语人才培养目标体系的制定而言，作者认为应具备以下几个特征：

首先，人才培养目标体系应当具备开放性的特征。这是因为，当今社会是一个开放性的社会，尤其是在文化产业国际化这样的背景下，封闭、自足的培养目标难以适应社会的发展。制定开放的培养目标体系，与国际社会接轨，高校就可以培养出更多开放型外语人才，为文化产业的国际化注入新鲜的血液，参与社会领域的各项合作事务。邓小平提出："教育要面向现代化、面向世界、面向未来。"这表明人才培养体系必须是开放的。故步自封只能导致落后，只有以积极开放的姿态应对未来，才能取胜。

其次，人才培养目标体系应具有多元化的特征。进入21世纪以后，随着科技的迅猛发展，当今世界正处于科技信息化的时代，同时人们的知识也随之大量增长，知识结构也日新月异。在这样的背景下，面对新世纪对人才的要求不断提高，高校在人才培养方面应该制定多元化的培养目标体系，以使人才的培养跟上信息技术时代的步伐。另外，还要将人才培养目标体系与知识应用的广度和深度联系起来，从而促进人才知识、能力和素质的可持续发展。

再次，人才培养目标体系应当具备全面性的特征。根据人的全面发展理论可知，人才发展的全面性，是指人的各个方面共同发展进步，即德、智、体、美、劳。因此，高校在制定人才培养目标体系的时候，要充分考虑学生德、智、体、美、劳全面发展这一问题，努力从各个方面提高学生的素质，挖掘学生的潜力，从而促使学生更好地发展。

最后，人才培养目标体系应当具备专业特色这一特征。高校对人才进行培养，最终目的是使人才服务社会、服务国家。因此，高校在制定人才培养目标体系的时候，要以专业特色为依据。只有充分挖掘专业资源和专业特色的亮点，才能为社会和国家培养出与众不同的、出类拔萃的人才。

第三节　文化产业国际化下的高校外语人才培养改革举措

一、课程体系

高校应当结合外语和文化产业教育的实际，为学生开设既丰富又实用的课程。针对不同的复合专业，设置不同的人才培养层次，通过灵活的课程建立不同阶段、不同复合专业的人才培养体系。

外语专业应主动适应文化产业国际化的新趋向，调整和完善课程的设置与安排，在确保以外语为中心的前提下，增设文化产业国际化专业课程，逐步促使复合型外语人才培养方向的转变，真正实现外语专业教育由单科课程转变为多科课程，加强课程建设，将外语专业与文化产业国际化这一领域相复合，通过对现有的课程进行梳理，对课程种类、课程结构、授课时数、授课方式等进行调整和改革。在教学中正确处理好外语和跨学科专业方向之间的关系，将"一专"和"多能"结合起来，改进课程设置的形式，提高教学的质量。课程设置与授课方式、教学手段等都要体现外语与文化产业相复合的专业特色，严把课程设置关，实现真正的复合型教育教学，培养优质的外语人才。还要优化课程设置、合理教学、改进教学手段，并且要按照专业方向设置相关的复合课程。在保证外语专业课程总学时基本不变的情况下，增加文化产业国际化的相关课程，必须合理调整现有的课程体系，尤其是过时的、陈旧的知识要及时更新。此外，课程的设置应当打破学科之间、学院之间以及高校之间的界限，鼓励学生根据自己的兴趣和特长自主选课。学科、学院、高校之间实行资源共享，互相利用优质资源，促进彼此间的渗透，开设能够激发学生积极性和主动性的课程，培养跨学科的创新型人才。我们认为，可以从三个方面进行课程设置和课程改革。

（一）中国语言和文化类课程

复合型外语人才对外传播中国文化的前提是他们自身对中国的语言和文化比较精通。但是，某些高校在外语专业课程中，缺乏中国语言和文化相关课程的融入，久而久之，这种现象导致外语专业的学生不会"说"中国话，不懂中国文化。因此，高校要想进行课程体系改革，首先要做的就是对中西方语言、文化类课程进行一次大革新。

1. 中国语言

"在当前英语媒体垄断全球传媒市场，英语文化正在侵入其他民族语言的文化领地。全世界6800多个语种中有40%的语种所代表的文化正面临着生存危机。"① 由此可见，如果语言消失了，那么文化也就失去了载体。

目前我国文化发展正面临着文化产业国际化的背景，复合型外语人才是文化对外传播的主力军，因此在培养复合型外语人才的时候，一定要加强学生对中国语言的学习。某些高校在外语专业的教学中，缺乏中国语言和文化类课程的融入，因此有些学生不懂中国语言的正确运用和中国文化的深厚内涵，这种中国语言的陌生化正是外语人才培养中亟待解决的突出问题。要想推动中国文化走向世界，高校在培养复合型外语人才的时候，一定要使学生掌握"好"中国语言，把握中国文化的精髓，从而更准确地向世界传播中国文化的内涵。事实上，中国语言是中国文化的重要组成部分，其本身在文化领域就占有重要的地位。因此，若是语言苍白无力，是无法促进文化的国际传播的。在今天，文化产业国际化已经成为趋势，在这样的背景下，我国的文化对外传播显得尤为迫切，要想让中国的文化走向世界，那么就要先让中国的语言走向世界。之所以这样说，是因为外国人对中国文化的了解首先是通过语言来实现的。也正因如此，我们说复合型外语人才的培养要重视对中国语言的学习。也只有这样，精通中国语言的复合型外语人才

---

① 吴瑛. 文化对外传播理论与战略 [M]. 上海：上海交通大学出版社，2009.

才能真正做到了解中国文化、理解中国文化，从而对中国文化进行正确的传播。

2. 中国文化

母语文化是外语文化教学中的重要组成部分。目的语文化教学要求以母语文化教学作为基础。外语教学同时肩负着本国文化的输出和培养人的素质的责任，母语以及母语文化的正迁移作用不容忽视。

（1）重点突出中国传统文化

中国文化类课程在外语人才培养中也是必不可少的。切不可认为，外语专业不必开设中国文化类课程。正如本书始终强调的那样，中国优秀的传统文化是中华民族伟大复兴的突出优势，是我国文化软实力的根基，是形成中国文化魅力的重要源泉。文化的繁荣，民族素质的提高，都依赖于传统文化的传承和传播。例如，在英语专业教学中，就有专家强调开设中国文化类课程。英语专业应该逐步开设用英语讲授的一系列有质量的人文通识课程，还可以用中文或英文开设中华文化史、中华文明经典导读、中国艺术赏析、中国古典文学等课程。这些建议将复合型人才培养大纲的前两个模块落到了实处，尤其是增加中文文学艺术鉴赏的课程，有利于传承我国优秀的传统文化。在对外文化交流中，一方面要防止中华传统文化在现代化进程中出现萎缩；另一方面应积极响应"走出去"的号召，开展对外交流活动，展现我国"文化大国"的魅力，凝聚力量，提升软实力，承担发展世界各国文化的社会责任。

（2）囊括中国民间文化

在复合型外语人才的培养过程中应加强对民间工艺的挖掘和开发，并对民间文化进行深入研究，并将其编入教材，从而进一步弘扬民间文化。高校可以根据当地的民间艺术，开发一些地方课程或校本课程，以促进该地民间文化的发展。地方课程和校本课程开设之后，高校可以将当地的一些民间艺人，吸纳到本校的师资队伍中，大力发展民间文化，壮大民间文化力量。另外，将民间艺人引入师资队伍中，也是支持民间艺人、保护民间艺术的表现，这样不仅能鼓励民间艺人对民间艺术的传承，还能促进我国民间艺术的不断发展。加强民间文化人才队伍建设，将这些民间文化人才吸纳到高校教师队伍中，在高校复合型外语人才培养过程中，开设一些民间艺术课程，使一些对民间艺术感兴趣的学生能学习到真正的、完整的民间艺术，为今后民间文化的对外传播打下知识基础。总而言之，民间文化是中国文化产业发展的一大力量支撑,它在文化对外传播中扮演着重要的角色。因此,复合型外语人才的培养,应该大力挖掘民间文化资源,以促进我国文化产业对外传播。

(3)开发区域特色文化,培育新型课程

中国地大物博,再加上有56个民族,各区域必然具备其文化特色。若将其开发出来,立足区域,放眼全球,打造有决定优势的新型产业,并向国际化的文化产业进行纵深延伸,以特色文化和特色产品为纽带,形成全新的产业模式,促进区域特色文化产业的发展。在此基础上进行归纳总结和研究,开发和培养新型课程,以培养更多优秀的人才。依托区域特色发展优势培育新型课程需要创意和灵感,这离不开文化产业专家、高校师生和各界人士的努力。

(二)实践课程

复合型外语人才肩负着中国文化对外传播的重任,对复合型外语人才的培养实际上是对应用型人才的培养。由此可见,在复合型外语人才培养过程中,实践课程是课程设置过程中必不可少的环节。高校在课程设置过程中要重视实践课程,不可忽视其重要作用,避免流于形式。理论与实践相结合是人才培养的基本途径,同样,复合型外语人才的培养也应该坚持理论与实践的结合,在实践过程中,帮助学生认识问题、学习知识、提高能力。例如,高校可以建立实践考察模式,使学生在实践中认识国内和国外文化产业发展的现状,经过实地考察,感受中华文化的魅力,在实践中学习经验、提高创新能力。

除此之外,复合型外语人才的培养,在实践教学过程中,不能只局限于国内实践,在有条件的情况下,要走出国门,到国外文化产业发达的地区去学习和吸收经验,对国外先进的文化产业管理技术进行学习,充分认识中西方文化之间的差异。由于复合型外语人才的首要任务之一就是对外传播中国文化,因此跨国、跨文化的实地考察教学对学生认识异国文化、掌握外国人的消费心理等有重大意义。此外,通过异国实践教学,学生还能提高自身的外语素养,为我国文化对外传播做出更多贡献。

(三)综合类课程

外语专业学生往往知识面窄,人文教育不足,非专业课程和通识教育未得到足够重视，由此一来，学生的文化底蕴就比较薄弱。我们之所以倡导外语专业要开设综合类课程，就是要弥补外语专业的学生知识结构狭窄这一劣势。一些外语专业毕业生除了外语，对别的知识知之甚少。对于复合型人才而言，缺少综合类知识，学生毕业后可以成为专业技术人员，但很难成为具有开创性的"大家"。综合类课程的设置，应做到科学教育和人文教育相融合，提高人才的综合素质，以培养学生的科学精神和人文素质为目标，走"宽口径"培养路子，将学生打造成精通外语、擅长复合专业、通晓各类知识的专才、通才。

综合类课程是培养学生的综合思维能力、丰富学生知识的源泉。没有综合类课程，也就缺少提供综合类知识的主要途径。没有知识的积累，也就没有智力的发展和能力的提高。丰富的综合类知识可为学生创造性思维的培养提供可能和条件，只有将知识内化为能力，学生才能触类旁通、举一反三。

二、教材改革体系

一切的教学活动都离不开教材，教材是教学的媒体。教材承载着教学内容和教学信息，同时也肩负着知识传授的重任。教学课程的改革首先是教材的改革，在对教材进行改革的过程中，不可盲目进行，要按照一定的规律或者要求，一方面，教材的改革要以最大限度满足学科发展，实现人才培养为目标；另一方面，在教材的改革过程中，要以文化产业国际化为平台，推动教材改革的创新。教材改革创新主要围绕以下三方面进行：

第一，教材的改革应该符合课程改革的标准，课程标准并不是教材改革中的硬性要求，但是对于教材的改革能起到引导和指引作用。所谓万变不离其宗，教材的改革要围绕课程标准这一核心。

第二，在进行教材改革的过程中，高校要注意围绕学生创新能力的培养展开，要使教材的改革充分满足专业发展的需求。这就要求教材改革过程中不仅要进行理论方面的创新，还要在实践创新上有所突破。

第三，在进行教材改革中，要注意强调教材形式的多样化。随着网络的发展和科技的进步，教材早已不再限于纸质形式，在今天，音像、网络资源等都是教材的形式。因此，教材的改革要借助现代化的信息技术，突出教材的趣味性、多样化以及资源丰富性。

三、评价体系

评价体系实际上是一种对人才质量进行衡量的手段。评价标准对人才培养方法和质量有着直接的影响,并且对人才队伍的培养具有导向作用。在对高校毕业生进行评价的时候,主要有两种形式:一种是校内评价,一种是校外评价。具体来讲,校内评价就是高校通过对学生的学业、技能、思想道德修养等方面的了解,对学生进行评价。校外评价则是社会根据学生对岗位的适应程度、顺利完成工作的能力、与他人合作的能力、工作中的创新创造精神等方面,对人才质量进行评价。要想得到科学的评价,必须结合校内和校外两种评价方式,只有这样才能比较客观地反映出人才培养的质量,同时才能科学、真实地衡量人才的综合素质和能力,这也是检验高校是否实现了人才培养目标的手段。

建立和完善人才评价体系,可以提高人才评价标准的准确性和科学性;建立完善的复合型人才评价指标体系,可促进人才的专业化和职业化。积极探索以学业成绩、品德、能力等构成的人才评价指标体系,建立以"学校专业素质评价+校外综合实践评价+艺术造诣评价+综合能力评价"为核心指标的评价体系,形成"学校专业素质评价+校外文化产业评价+生生互评+自评"的评价机制。总之,要构建弹性制、多元化的评价体系,既具有普遍性,又具有特殊性;既具有专业性,又具有技能性;既定性,又定量;既能准确反映学生某一阶段的学业成就,又能形成一个系统,描述学生的成长变化。

四、就业与创业相结合的职业指导体系

随着我国工业化进程的加快,特别是市场经济体制的确立,学校教育与就业之间、学生学习与职业选择之间的关系日益密切。为适应市场经济体制需要而进行的教育体制改革打破了传统的统包统分的就业格局,唤起了学生参与职业选择和社会生活的主体意识。然而,由于缺乏系统的职业知识教育和指导,不少学生在个人择业与岗位择人的互动过程中无所适从,迫切地需要得到学校教育的指导。社会环境的变化,就业政策的改革,迫切需要毕业生更新就业观念,提高就业技能,尽快适应社会的发展。必要的学校职业指导是帮助他们在毕业后尽快找到适合自己工作的有效途径。

全球化速度的加快使得国家之间的交流日益频繁，这都需要外语人才。然而，社会的发展对外语专业毕业生提出了更高、更严格的要求，单纯的外语专业毕业生已不再满足社会发展的需求。也就是说，要培养复合型外语人才。随着社会要求的提高以及近些年高校外语专业扩招等，外语专业毕业生出现了就业难的情况，而且愈演愈烈。如何解决这一难题，帮助学生找到一份满意的工作服务社会，这是就业体系改革面临的最大问题之一。

作为高校，应当在政府的领导和指导下与社会密切结合，在学校为学生提供更多的就业指导和创业平台。高校应通过学校教育、对外交流、实践、培训等，为学生规划未来的职业蓝图，并为他们进行创业教育，帮助学生适应未来社会的发展，为他们的就业和创业打下基础。

（一）职业指导教育

职业规划在人才培养过程中是一个十分重要的环节，因为人才培养的最终结果就是人才的就业。人才能在相关专业领域的岗位上做出自己的贡献，实现自己的价值。因此，在学生一入学的时候就要重视对其职业前景进行规划，以使培养出的人才能够顺应时代潮流，满足行业发展的需要。对于复合型外语人才的培养，也要重视对其进行职业规划教育。具体来讲，我们可以为学生开设职业规划课程。在这个过程中，教师要充分了解学生的兴趣爱好以及对未来职业的期待，有针对性地对学生进行职业规划的培训，以提高他们的职业规划意识。对复合型外语人才进行的职业指导教育，可以根据学生的年级进行不同的教育。例如，对于低年级的学生，要帮助其了解本专业的就业现状；而对于高年级的学生，则要重视其职业能力的提升。不仅如此，对于高年级的学生，还要为其提供就业信息和就业渠道，如为学生提供更多的实践机会，促进其职业能力的提高，以顺利实现人才择业、就业。

（二）就业指导教育

就业问题不仅关系到大学生的前程、高等教育的长期发展，而且关系到社会的稳定和国家的长治久安。随着高等院校扩招，越来越多的大学生面临着就业难的问题。国家十分重视高校毕业生的就业问题，并将其作为一项重要工作来抓。作为高校，就要在当前就业形势严峻的情况下，为学生提供适时的就业指导教育，帮助学生就业，缓解就业压力。

（三）创业教育

创业教育是一项育人活动，与学生的全面发展是分不开的。创业教育应当从知、情、意、行方面对学生进行教育，而不能仅仅停留在知识与技能的训练上。它是一个系统，能从各个层面促进学生的发展；它能激发学生的创业兴趣，培养学生的创业意识，提高学生的创业能力，提升他们的道德水平，从而帮助他们成为全面发展的人。

创业教育应体现个性化教育的特征，通过个性化教学，挖掘学生的无限潜力。创业教育不能一刀切，而应当充分发挥个体的主观能动性，做到人人能创业、人人善创业，这也是对当今教育的要求。

创业教育应当融入外语专业教育，与外语专业教育形成一体化的有效模式。一方面，我们要将提高学生创业技能的活动融入学科知识的教学中，熟悉学科知识与创业能力之间的内在联系，并通过专业知识的学习，让学生掌握创业知识和技能。同时还要将创业教育与学生业务素质的提高相结合，依托语言文化内容，学习中西文化，提高学生的综合技能。不仅如此，还要打破专业教育和创业教育的界限，在专业教育中融入创业教育，在创业教育中体现专业教育，两者相互促进、相互提高。构建创业教育课程，并将其与专业知识学习相结合，让学生真正了解创业的内涵和实质、创业活动的意义和目的。同时，还可以组建创业活动中心、举办创业沙龙、创业主题报告，以及成功人士讲座、校友创业联盟等。

创业教育与区域文化产业之间应形成合作链条。通过创业教育，突破区域文化产业发展的瓶颈；通过创业教育，促进区域文化的发展进步。同时，区域文化产业园区为创业教育提供了广阔的实践空间。创业教育可以充分利用区域文化园区这一平台，对学生实施教育，其意义在于：首先，拓宽了创业教育实践活动的空间；其次，校内校外实行联动教育机制，互惠互利。

总而言之，目前我国文化产业的发展仍处于初级阶段，在发展过程中，急需大量具有创新精神和创新能力的人才。因此，想要在文化领域内创业，就要具备较高的创业能力。

参考文献

[1] 文秋芳. 对"跨文化能力"和"跨文化交际"课程的思考：课程思政视角 [J]. 外语电化教学，2022（02）：9-14，113.

[2] 徐婧华. 多模态线上外语教学互动研究 [J]. 中国冶金教育，2022（02）：41-43.

[3] 李晓芸. 大数据时代高校外语教学特征与方法研究 [J]. 产业与科技论坛，2022，21（07）：190-191.

[4] 于志涛，牟晓青. 中国文化传承与传播视域下跨文化能力培养路径演变与启示 [J]. 中国成人教育，2022（06）：38-42.

[5] 曹欢. 外语教学中跨文化交际交互性教学模式的构建研究 [J]. 湖北开放职业学院学报，2022，35（05）：164-166.

[6] 杜程程，郭一平，宫静雯，等. 二语习得过程中母语迁移研究综述 [J]. 英语广场，2022（08）：53-56.

[7] 李灵丽，黄甫全. 复合型外语人才培养的课程设计整体模式：课语整合式学习视角 [J]. 外语界，2022（01）：22-29.

[8] 吴桐. 二语习得中显性知识与隐性知识对教学的影响综述 [J]. 英语教师，2022，22（04）：8-11.

[9] 韩晔，高雪松. 外语教师混合式教学认知与实践研究述评 [J]. 外语与外语教学，2022（01）：74-83，149.

[10] 冯丽. 外语教学与信息技术的深度融合路径探究 [J]. 现代英语，2022（02）：13-15.

[11] 高瀛. 大数据背景下混合式学习与外语融合的新挑战 [J]. 哈尔滨职业技术学院学报，2021（05）.

[12] 吕丽盼，俞理明. 双向文化教学——论外语教学跨文化交际能力培养 [J]. 中国外语，2021，18（04）：62-67.

[13] 张航，傅曦琛. 融入移动互联技术的高校外语课堂生态构建：理据、原则与策略 [J]. 中国现代教育装备，2021（09）：4-6，10.

[14] 蔡静，张帅，唐锦兰. 我国高校外语教育信息化主要问题调查 [J]. 外语与外语教学，2021（01）：76-83，147-148.

[15] 胡键. "一带一路"实践与外语复合型人才培养的路径 [J]. 当代外语研究，2020（03）：3-14，130.

[16] 靳小响. 行为主义学习理论对语言教学的影响文献综述 [J]. 现代交际，2019（20）：114-115.

[17] 马瑞贤，侯贺英，汤倩. 对外传播视域下的复合型外语人才培养研究 [J]. 传媒，2019（11）：87-89.

[18] 袁小陆，赵娟. "一带一路"背景下外语教育中文化自觉培养的诉求与应对 [J]. 西安外国语大学学报，2017（3）：69-72.

[19] 王雪梅. 全球化、信息化背景下国际化人才的内涵、类型与培养思路——以外语类院校为例 [J]. 外语电化教学，2014（01）：65-71.

[20] 王铭玉，赵亮. 从语言学看外语教学法的源与流 [J]. 中国俄语教学，2012，31（02）：14-20.

[21] 曾雅霓，陈音稳. 论行为主义心理学和结构主义语言学在外语教学法中的关系 [J]. 时代教育（教育教学），2011（08）：155，161.

[22] 梁乐乐. 话语分析与外语教学 [M]. 长春：吉林人民出版社，2021.

[23] 骆洪. 外语教学与语言研究 [M]. 重庆：重庆大学出版社，2019.

[24] 郭敏，余爽爽，洪晓珊. 外语教学与文化融合 [M]. 北京：九州出版社，2018.

[25] 李培东. 外语教学原理与实践研究 [M]. 银川：宁夏人民出版社，2019.

[26] 陈修铭，袁瑞姣. 外语教学与语言艺术 [M]. 长春：吉林大学出版社，2017.

[27] 刘友春. 外语教学与二语习得的关系研究 [M]. 延吉：延边大学出版社，2018.

[28] 卢加伟. 翻转学习的理念与外语教学的定制化体验 [M]. 北京：冶金工业出版社，2019.

[29] 王铭玉，赵亮，崔卫，等. 现代外语教学多维研究 [M]. 上海：上海外语教育出版社，2015.

[30] 杨燕. 高等学校外语教学研究与实践 [M]. 昆明：云南大学出版社，2016.